潇洒风神永忆渠

回忆中的丰子恺和他的时代

丰子恺 等/著

丰一吟 杨子耘 宋雪君 杨朝婴/编著

生活·讀書·新知 三联书店

Copyright © 2021 by SDX Joint Publishing Company.
All Rights Reserved.
本作品版权由生活·读书·新知三联书店所有。
未经许可，不得翻印。

图书在版编目（CIP）数据

潇洒风神永忆渠：回忆中的丰子恺和他的时代/丰子恺等著；丰一吟等编著.——北京：生活·读书·新知三联书店，2021.9
（克勒门文丛）
ISBN 978-7-108-07039-5

Ⅰ.①潇… Ⅱ.①丰…②丰… Ⅲ.①丰子恺（1898—1975）—回忆录 Ⅳ.① K825.72

中国版本图书馆 CIP 数据核字 (2021) 第 005713

责任编辑	杨柳青
封面设计	刘　俊
出版发行	生活·讀書·新知 三联书店
	（北京市东城区美术馆东街22号）
邮　　编	100010
印　　刷	上海丽佳制版印刷有限公司
版　　次	2021年9月第1版
	2021年9月第1次印刷
开　　本	880毫米×1230毫米　1/32　印张 10.625
字　　数	204 千字
定　　价	86.00 元

目录

001	总序	留住上海的万种风情	陈钢
001	序	独揽梅花扫腊雪	陈钢

一 人生如寄旅
孩子们的回忆

003 ○ 1 缘缘堂——人生最忆是童年
　　　　"正直"的房屋
　　　　缘缘堂的夏天
　　　　缘缘堂的孩子们

031 ○ 2 沙坪、湖畔小屋——颠沛流离的岁月
　　　　星汉楼
　　　　沙坪小屋
　　　　湖畔小屋

049 ○ 3 日月楼——人世沧桑的见证
　　　　日月楼中日月长
　　　　日月楼鼎盛时期
　　　　"日月楼"只剩一半了
　　　　日月楼中的邻居

067 ○ 4 杂忆
　　　　父亲写生趣闻
　　　　火红色派克笔
　　　　旧事凄凉不可闻

二 知交零落别梦长
回忆背后的时代与人

075 　1　白马湖畔的"清和"旧友
　　　　——朱光潜的回忆

085 　2　"说不出"的君子之交
　　　　——巴金的回忆

102 　3　"丰牌张挂"的患难之交
　　　　——张乐平的回忆

118 　4　"喜闻乐见"与"画如其人"
　　　　——华君武的回忆

126 　5　"儿童崇拜者"
　　　　——毕克官的回忆

152 　6　十万一卷的《漱石全集》
　　　　——内山完造的回忆

三 民国文坛管窥
序跋背后的文人情谊

165 ° 1 "妈妈的教育"
　　　　——夏丏尊

175 ° 2 《文学周报》与《子恺漫画》
　　　　——郑振铎

187 ° 3 诗中有画,画中有诗
　　　　——俞平伯

195 ° 4 "出人意外,入人意中"
　　　　——叶圣陶

208 ° 5 白马湖的黄昏
　　　　——朱自清

217 ° 6 "知生则知画"
　　　　——马一浮

四 一钩新月分外明

今人聚首再话卿

233　1　负笈东瀛
245　2　"子恺漫画"
260　3　画箱的故事
271　4　三国语言的翻译大师
284　5　"不圆之圆"与装帧设计
290　6　"独揽梅花扫腊雪"的音乐启蒙
295　7　《护生画集》与弘一法师
303　8　以"酒"会友
307　9　丰子恺的"朋友圈"
311　10　人民的艺术家
315　11　美育理念

321　编后记　童心来复梦中身　杨柳青

总序

留住上海的万种风情

陈钢

当我们走进上海的大门——外滩时,首先听到的是黄浦江上的汽笛长鸣和海关大本钟扬起的钟声。那是上海的声音、历史的声音和世界的声音。接着,我们可以看到那一道由万国博览建筑群组成的刚健雄伟、雍容华贵的天际线,它展示了作为现代国际大都会大上海的光辉形象。当我们转身西行,乘着叮当作响的电车驶进梧桐夹道的霞飞路时,又会在不知不觉里被空气中弥漫的法国情调所悄然迷醉,也会自然而然地想起张爱玲所说的"比我较有诗意的人在枕上听松涛、听海啸,我是非得听见电车响才睡得着觉的……"。除了这张爱玲所特别钟爱的上海"市声"外,我们还能在电影、舞厅和咖啡馆里找到世界的脉搏和时代的节奏,找到上海的声音。丹尼尔·贝尔认为:"一个城市不仅是一块地方,而且是一种心理状态,一种独特生活方式的象征。"上海是中国一块得天独厚的风水宝地,它不仅使古老的中国奇迹般地出现了时尚繁华的"东方华尔街"和情调浓郁的"东方巴黎",而且催生了中国的城市文化——海派文化,催生了中国的第一部电影、第一个交响乐团、第一所音乐学院和诸多的"第一"……

"克勒"曾经是上海的一个符号,或许它是class(阶层)、color(色彩)、classic(经典)和club(会所)的"混搭",但在加上一个"老"字后,却又似乎多了层特殊的"身份认证"。因为,一提到"老克勒",人们就会想到当年的那些崇尚高雅、多元的审美情趣和精致、时尚生活的方式的"上海绅士"们。而今,"老克勒"们虽已渐渐离去,但"克勒精神"却以各种新的方式传承开发,结出新果。为此,梳理其文脉,追寻其神韵,同时将"老克勒"所代表的都会文化接力棒传承给"大克勒"和"小克勒"们,理应成为我们这些"海上赤子"的文化指向和历史天职。于是,"克勒门"应运而生了!

"克勒门"是一扇文化之门、梦幻之门和上海之门。推开这扇门,我们就能见到一座座有着丰富宝藏的文化金山。"克勒门"是一个文人雅集的沙龙,而沙龙也正是一台台城市文化的发动机。我们开动了这台发动机,就可能多开掘和发现一些海上宝藏和文化新苗,使不同的文化在这里可以自由地陈述、交流、碰撞和汇聚。

"克勒门"里美梦多。我们曾以"梦"为题,一连推出了十二个梦。"华梦""诗梦""云梦""戏梦"……从"老克勒的前世今生"到"上海名媛与旗袍",从"海派京剧"到"好莱坞电影",从"小口琴"讲到"大王开"……在"寻梦"中,我们请来作家白先勇畅谈他的"上海梦",并通过"尹雪艳总是不老"

来阐明"上海永远不老"的主旨。当然,上海的"不老"是要通过文化的传承和发展来实现的。于是,我们紧接着又将目光指向年轻人、指向未来,举行了"青梦"。由三位上海出生的、享有国际声誉的"小克勒"回顾他们在青春路上的种种机遇、奋进和梦幻。梦是现实的奇异幻境,可它又会化为朵朵彩云,洒下阵阵细雨,永远流落在人世间。

"克勒门"里才俊多。这里有作家、诗人、画家、音乐家、演员、记者和来自四面八方的朋友们。他们不仅在这里回顾过往,将记忆视为一种责任,更是以百年上海的辉煌作为基点,来远望现代化中国的灿烂未来!有人说,"克勒门"里的"同门人"都很"纯粹",而纯粹(pure)和单纯(simple)还不完全一样。单纯是一种客观的状态,而纯粹,是知晓世事复杂之后依然坚守自己的主观选择。因为"纯粹",我们无所羁绊;因为"纯粹",我们才能感动更多"同门人"。

"克勒门"里故事多。还记得当"百乐门"的最后一位女爵士乐手、八十八岁的俞敏昭颤颤巍巍地被扶上舞台、在钢琴上弹起《玫瑰玫瑰我爱你》时顿时青春焕发的动人情景吗?还记得"老鸿翔"小开金先生在台上亲自示范、为爱妻测量旗袍的三十六个点的温馨场面吗?当见到白先勇在"克勒门"舞台上巧遇年少时的"南模"同窗,惊讶地张大眼睛的神情和"孙悟空之父"严定宪当场手画孙悟空,以及"芭蕾女神"谭元元在"克勒门之家"里闻乐起舞,从室内跳到天台的精彩画面时,你一定会觉得胜似堕入梦中。当听到周庄的民间艺人由衷地用分节长歌来歌颂画家陈逸飞、九旬老人饶平如初学钢琴、在琴上奏出亡妻最爱的《魂断蓝桥》,特别是当配音艺术家曹雷在朗诵她写给英格丽·褒曼,也是写给自己的那首用心的短诗时,你一定会有一种别样的感动!还有,作家程乃珊的丈夫严尔纯在笑谈邬达克精心设计的绿房子时所流溢的得意之心和秦怡老师在"王开照相馆"会场意外发现亲人金焰与好友刘琼照片时所面露的惊喜之情,都会给我们带来一片片难忘的历史的斑痕和一阵阵永不散落的芳香……

记忆是一种责任。今天,当我们回望百年上海时,都会为这座曾经辉煌的文化大都会感到自豪,但也会情不自禁地为那一朵朵昔日盛开的文化奇葩的日渐萎谢而扼腕叹惜。作家龙应台说,文化应该是能逗留的。为了留下这些美丽的"梦之花",为了将这些上海的文化珍宝串联成珠、在人世间光彩永放,"克勒门"与上海"老牌"出版社生活·读书·新知三联书店共同筹划出版了这套"克勒门文丛",将克勒门所呈现的梦,一个一个地记录下来。

"克勒"是一种风度、一种腔调,更是一种精神、一种文化。让我们一起走进"克勒门"和"克勒门文丛",寻找上海,发现上海,歌唱上海,书写上海,让我们每个人都成为有历史守望与文化追寻的梦中人,将高雅、精致和与时俱进的海派文化精粹传承发扬,用我们的赤子之心留住上海的万种风情!

序

独揽梅花扫腊雪

陈钢

丰子恺先生在我们心目中似乎离我们很远，因为我们没见过他；但他似乎又离我们很近，因为很多前辈音乐家都是读了他的《音乐入门》才入音乐这个"门"的（如聂耳、李德伦、朱践耳）。所以文学家徐迟说："没有他，中国音乐家哪有这样的成绩？"他出版过三十多种音乐理论书籍和音乐普及读物。（如《音乐十课》《音乐初阶》《开明音乐讲义》《生活与音乐》《西洋音乐知识》《音乐知识十八讲》《西洋音乐楔子》等。）其中1926年由开明书店出版的《音乐入门》是流行最广、影响最大的音乐启蒙读物，曾被当时各中小学定为教科书，发行半世纪，再版33次。他还为十几首歌填词，并在1925年为复旦大学谱写了校歌（作词：刘大白）。当2005年复旦百年校庆恢复使用了这首百年老校歌时，校友们无不感到既陌生又亲切："复旦复旦旦复旦，巍巍学府文章焕；学术独立思想自由，政罗教网无羁绊……"

丰子恺不仅是漫画界的泰斗和音乐启蒙教育的祖师，而且是通晓散文、翻译、书法、装帧的大家。他能将各类艺术融会贯通后用他特有的风格打造出一个新的模样。如用浅显通俗、生动风趣的语言来讲述音乐：将"1234567"讲成"独揽梅花扫腊雪"；将上行、下行音阶，上行的"1351"说成"乘风破浪，排山倒海"，下行的"1531"说成"雨过天晴，烟收云散"。真是音中有诗，音中有画。

丰子恺和他的老师李叔同一样，很喜欢通过填词将古今中外糅为一体，使音乐文学完美结合。李叔同填词，选用约翰·P·奥德威作曲的美国歌曲《梦见家和母亲》为旋律的《送别》是这方面的范例。（长亭外，古道边，芳草碧连天。晚风拂柳笛声残，夕阳山外山。天之涯，地之角，知交半零落。一壶浊酒尽余欢，今宵别梦寒。长亭外，古道边，芳草碧连天。问君此去几时还，来时莫徘徊！天之涯，地之角，知交半零落，人生难得是欢聚，惟有别离多。）"送别"的意象——长亭饮酒，古道相送，是千百年来送别诗中的常用意象，也是中国人表现离别的文化符号。这首歌有极强的跨时代的辐射力，以后还被用于电影《早春二月》与《城南旧事》。而丰子恺像李叔同一样，也曾填过十几首词。有意思的是，他也写过一首《送别》，那是根据爱尔兰民歌填的词（前途水远又山长，送君一步一心伤。今朝此地一声别，从此天涯各一方。珍重一声魂欲断，怎禁别泪下千行。愿君不负平生志，莫为功名利禄忙）。此词颇有李叔同的意味。更有意思的是，他还将奥德威作曲、李叔同填词的《送别》的曲调，另外填了首题为"游春"的歌(星期天,天气晴,大家去游春。过了一村又一村,到处好风景。桃花红,杨柳青,菜花似黄金。唱歌声里拍手声,一阵又一阵)。前者流连、惆怅,后者欢快、舒畅。

丰子恺先生在我的心目中和李叔同一样是一个"最像艺术家的艺术家",也是一个"最像人的人"。丰子恺先生十分崇仰弘一法师,因为他是"十分像人的一个人"。"凡做人,在当初,其实本心未始不想做一个十分像'人'的人;但到后来,为环境、习惯、物欲、妄念等所阻碍,往往不能做得十分像'人'。其中九分像'人',八分像'人'的,在这世间已很伟大;七分像'人',六分像'人'的,也已值得赞誉;就是五分像'人'的,在最近的社会也已经是难得的'上流人'了。"而"像弘一法师那样十分像'人'的人,古往今来,实在少有。所以使我十分崇仰"。(《弘一大师全集·序》)丰子恺不仅学李叔同那样做人,而且他的作品中充满人情味和人性美,被人称为"人间画家"。特别是他有颗童心。他说:"我的心为四事所占据了,天上的神明与星辰,人间的艺术与儿童。"他特别爱画孩子,也为孩子特别编译了一批音乐读物(如《孩子们的音乐》《小朋友唱歌》《音乐的听法》等)。因为儿童既是人类之初,又是人类的明天和人类的希望。同时,他们又是一张未经漂染的白纸,而美育又本该从儿童抓起,是培育"像人的人"的基础工程。

一

人生如寄旅
孩子们的回忆㈠

① 本章主要选取丰子恺先生女儿丰一吟女士的回忆录编辑而成。
丰一吟,画家、翻译学家,1929年5月生于浙江省石门镇(今属桐乡市)。上海市文史研究馆馆员、丰子恺研究会顾问、上海翻译家协会会员。就读于国立艺术专科学校应用美术系(五年制),毕业于中苏友协俄文学校。历任上海编译所、上海人民出版社编译所译员,上海社科院文学研究所翻译、副译审。

1 缘缘堂

————————————————————————————— 人生最忆是童年

"正直"的房屋

　　1932 年末缘缘堂开始施工时,爸爸虚龄 35 岁。爸爸出生于 1898 年农历九月二十六日,公历 11 月 9 日。在造缘缘堂以前,爸爸带着一大家子东迁西搬,用开明书店送的一支红色派克钢笔,写出了二十多本书。1932 年,他总算在养家糊口之余,攒够了为自家筑一个安乐窝的钱。1933 年春,缘缘堂落成。

　　爸爸的老师和皈依师——李叔同弘一大师,在 1926 年时就为爸爸的住处取好了"缘缘堂"的名称,是弘一大师在上海立达学园永义里丰家宿舍里释迦牟尼像前叫爸爸抓了两次阄所得的结果。可那个"缘缘堂"指的是永义里的宿舍。后来"缘缘堂"这名称一直随着爸爸的搬迁而转移。直到六年后,爸爸方始在自己

1937年初丰子恺（前排右一）在石门丰同裕染坊门前

丰同裕染坊今址

的故乡浙江省石门镇有了自建的这个缘缘堂。（石门镇当时属于崇德县，现在属于桐乡市。）

关于缘缘堂落成的年代，爸爸在《还我缘缘堂》一文（1938年作）中说"此堂成于中华民国二十二年"，也就是1933年。但在1937年9月1日爸爸为天津锺怀柔先生写的自传中，却有这样的话：

三十五岁，即一九三二年秋，缘缘堂成，率妻及子女六人返乡，居之至今。

相差一年的文字中，所记载的缘缘堂落成年代也差了一年。孰是孰非，难以判断。我觉得爸爸写文犹如作漫画（而不是作工笔画），有时只记一个大概。这种情况我发现过不少。因此，我们只能推测为1932年秋开始建堂，1933年春落成。

拆了平屋改建缘缘堂期间我们住到哪里去呢？我想，一定仍住老屋。这才有李家大妈叫我到新屋去拾发火柴的情节。

缘缘堂后面的三间平房，据说是用原来的平屋拆下来的材料建成的。平屋虽已被拆，也得交代一下情况。

爸爸对孩子有特殊的感情，修缮平屋时处处为孩子着想。据说平屋边的空地上有滑梯，有跷跷板，有沙坑，有跳高用的架子，可升降的。平屋的院内有竹子，有大树。那时在没有绿地的小镇上，私人住宅里置备这些设施，是绝无仅有的。所以亲友们的孩子都来玩，把它当作公园。

平屋的格式,有点像后来新建的缘缘堂后面的三间平房。我二哥丰元草是 1927 年平屋时期出生的。

爸爸造缘缘堂的动机,还是在我祖母锺云芳(1864—1930)去世以前。爸爸虽有过两个弟弟,却相继夭折(我们都没见过)。解决住房的责任自然落到独子身上。何况爸爸那嫁在县城崇德(今崇福)的姑母丰满红和嫁在湖州练市的二姐丰幼,常回家省亲,窄小的老屋如何容得下?那时爸爸开始有点积蓄了,便答应祖母造新房子。爸爸在《辞缘缘堂》一文(1939 年)中有这样一段话:

> 我三十岁上送妻子回家奉母。老屋哺育了我们三代,伴了我的母亲数十年,这时候衰颓得很,门坍壁裂,渐渐表示无力再荫庇我们这许多人了。幸而我的生活渐渐富裕起来,每年多少有几叠钞票交送母亲。造屋这念头,有一天偷偷地从母亲心底里浮起来。邻家正在请木匠修窗,母亲借了他的六尺杆,同我两人到后面的空地里去测量一会,计议一会。回来的时候低声关照我:"切勿对别人讲!"那时我血气方刚,率然地对母亲说:"我们决计造!钱我有准备!"就把收入的预算历历数给她听。这是年轻人的作风,事业的失败往往由此;事业的速成也往往由此。然而老年人脚踏实地,如何肯冒险呢?六尺杆还了木匠,造屋的念头依旧沉淀在母亲的心底里。它不再浮起来。直到两年之后,母亲把这念头交付了我们而长逝。又三年之后,它方才成形具体,而实现在地上,这便是缘缘堂。

新屋造好后，其实爸爸自己住在这屋内的日子并不多，他总是忙忙碌碌地奔走于沪杭和石门之间。不过他把缘缘堂作为永久居住的一个巢。从沪杭回来，可以尝到"童仆欢迎、稚子候门"的情趣。所以他对缘缘堂要求很高，亲自设计，力求既美观又实用。他在《辞缘缘堂》一文中说：

> 缘缘堂构造用中国式，取其坚固坦白。形式用近世风，取其单纯明快。一切因袭、奢侈、烦琐、无谓的布置与装饰，一概不入。全体正直（为了这点，工事中我曾费数百元拆造过，全镇传为奇谈）、高大、轩敞、明爽，具有深沉朴素之美。

所谓拆造，是这么一回事：那块地基是不规则形，南边比北边宽，建筑工人为了占尽地皮，把房子造成和地基一样，致使东面多了一块三角地。估计爸爸当时离开了石门几天，回来发现这一情况，哪里容得！东边的房间北窄南宽，如何摆放家具！这是艺术家绝对不能容许的。他认为，只有住正直的房子，才能涵养孩子们正直的天性。于是爸爸下命令：

"拆！拆了重造！"

据说工人们和看热闹的乡里们都惊呆了。砖墙都已砌好，甚至白粉也覆盖好了。窗框也已做上去，只是还没漆，还没配玻璃。

大家都劝爸爸："算了！斜一点有什么关系？多占一点地皮还不好吗！"

可是爸爸很坚决。他说：

"不行！我不能传一幢歪房子给子孙！"

于是众人商量如何纠正。终于决定雇人来把框架抬一抬正，斜的砖墙则推倒重来。去茶馆店一号召，马上来了很多人。举人老爷的儿子艺术家丰子恺家造房子，本来就是一件轰动全镇的大事，谁都愿意帮忙，更何况每人可以得到两毛钱！

柱上捆了毛竹，众人肩上扛着毛竹，齐喊"一！二！三！"终于纠正过来了。一共浪费了数百元，却换来了正直的缘缘堂。据说爸爸还特地叫上学的儿女们早点从学校赶回来参观这一"壮举"。那是为了让他们受教育吧。

主宅所占的地成了一个标准的长方形，东边多余的三角地也并没有放弃。缘缘堂的大门是向东开的。在三角地较宽的南端，设对外的大门和通院子的二门，大门二门之间铺一条通道，两旁各种一棵重瓣桃。在1985年重建缘缘堂时，这里被误种了两株广玉兰，将错就错到如今，广玉兰长得很茂盛，也就容纳了它。

据我二姐回忆，缘缘堂"上梁"这一天，按当地习惯做了许多"上梁馒头"。为纪念长眠地下的我的祖母，爸爸书写"春晖"二字，亲手刻成图章，用红色盖在每一个馒头上，抛掷给前来看热闹的人们。

缘缘堂落成后，我们一家迁入时别提有多高兴！据说我们的姑婆和二姑妈也带了孩童仆从前来助兴，新屋里有专门留给她们的房间，新迁入时她们当然要来热闹一番。爸爸不仅姐弟情深，还想到了他姑妈，这是多么可贵的感情啊！

爸爸确实是一个感情丰富的人。在《辞缘缘堂》一文中，爸爸对破烂不堪的老屋也念念不忘。他说：

缘缘堂（今丰子恺故居）

缘缘堂中的广玉兰

这是我父祖三代以来歌哭生聚的地方。直到民国二十二年缘缘堂成，我们才离开这老屋的怀抱。所以它给我的荫庇与印象，比缘缘堂深厚得多。虽然其高只及缘缘堂之半，其大不过缘缘堂的五分之一，其陋甚于缘缘堂的柴间，但在灰烬（吟按：指抗战时被焚毁）之后，我对它的悼惜比缘缘堂更深。因为这好比是老树的根，缘缘堂好比是树上的枝叶。枝叶虽然比根庞大而美观，却是从这根上生出来的。

爸爸不仅怀念我祖母，还对我祖父感到负疚。我祖父在老屋里住的是最好的"地板间"。爸爸描述说：

这地板间的窗前是一个小天井，天井里养着乌龟，我们喊它为"臭天井"。臭天井的旁边便是灶间。饭脚水常从灶间里飞出来，哺养臭天井里的乌龟。因此烟气、腥气、臭气，地板间里时有所闻。然而这是老屋里最精华的一处地方了。父亲在室时，我们小孩子是不敢轻易走进去的。我的父亲中了举人之后就丁艰（吟按：即丧母后守孝）。丁艰后科举就废。他的性情又廉洁而好静，一直闲居在老屋中。四十二岁上患肺病而命终在这地板间里。我九岁上便是这老屋里的一个孤儿了。缘缘堂落成后，我常常想：倘得像缘缘堂的柴间或磨子间那样的一个房间来供养我的父亲，也许他不致中年病肺而早逝。然而我不能供养他！每念及此，便觉缘缘堂的建造毫无意义，人生也毫无意义！

缘缘堂焦门（1937年毁于日军炮火）

缘缘堂内芭蕉

为了表示对老屋的怀念和感激，在新屋进二门面向院子的门楣上，爸爸不雕"克昌厥后""子孙益昌"等封建俗气的内容，而是按自己书写的手迹叫工人用凸出的字形刻了"欣及旧栖"四字。表示有了新屋不忘旧屋，欣喜之情及于老屋。缘缘堂主人的情怀毕竟与众不同。

缘缘堂主楼是三开间两层楼。每间又隔为前大后小的两间。楼上设有"两代姑母房"，专门用来接待归宁省亲的我姑婆和二姑妈。一直和我们住在一起的三姑妈丰满，除了为她母女准备一间居室外，还有专设的佛堂。主楼前后各有一个院子。前院是水泥地，花坛内种有爸爸喜欢的芭蕉和樱桃。他经常吟诵宋朝词人蒋捷《一剪梅》中的句子："流光容易把人抛。红了樱桃，绿了芭蕉。"所以特地种上这两样植物。芭蕉倒长得很好；樱桃却枯死了。记得有一次我放学回来，看见樱桃树上结满了樱桃。

"咦！我上学去时还没长呢？！"我十分惊讶。

爸爸笑起来，把一串串的樱桃摘下来叫大家吃。我这才知道是爸爸买来樱桃挂上去的。

后院比前院略扁，是泥地。葡萄棚下设有一架秋千，给孩子们带来莫大的喜悦。

再后面就是以平屋拆造过来的建材造成的三间平房，供厨房间、磨子间、储藏室、工人居室等用途。东边的厨房间有一条走廊与主屋相通。三间平房后面偏西有一块扁长的地，也算是一个小天井吧。这小天井北端对外开了一道门，是缘缘堂的后门。西端搭了一个很小的房间。后门口的路叫作"大井头"。我们后来到"西竺庵"的学校读高小（即五六年级）时都是走这后

丰子恺先生用过的写字台

葡萄棚下秋千

门的。

　　缘缘堂外围有一堵高墙，当地称为"包墙"的。爸爸平时虽然喜欢和乡亲们接触，但在自己家里，却希望有一个独立的天地，不受外界干扰。

　　在给缘缘堂配置家具的事上，爸爸的见解也与众不同。人们一般都是以价值来判断家具的好否，爸爸却是以美观实用为准则。他亲自设计了，让木工特制。因此，家具与房屋很相配，都是中国风的，实用而又美观。爸爸上海的友人为祝贺他建造新屋，要买一个木雕的捧茶盘的黑人送他，叫他放在椅子旁边。爸爸婉言谢绝了。是啊，有的人以有人伺候为乐，而爸爸画了那么多同情劳动人民的漫画，会喜欢有一个人（哪怕是假的）终日捧着盘侍立在他身边吗！况且还是一个黑人，种族歧视！爸爸立志把缘缘堂及其内部设计成灵肉完全调和的艺术品。

　　1985年重建的缘缘堂，是按照原样造的。我回乡时总要去缘缘堂看看。虽然是1933年初建，但我并不觉得这式样陈腐。如果现在我能再住缘缘堂，还是会觉得很舒畅的。可想而知，那时我们搬进缘缘堂，该有多高兴啊！

　　除了家具以外，爸爸对壁面的布置也做了精心安排。

　　楼下客堂中间的壁上挂上堂名。"缘缘堂"的堂名，是1926年弘一大师到江湾立达宿舍永义里来时给爸爸取的。在楼下大风琴旁释迦牟尼画像下的供桌上，弘一大师叫他在好几张小方纸上各写上一个自己喜欢而又可以互相搭配的字，团成小纸球，撒在供桌上。拿两次阄，拆开来都是"缘"字，于是寓所就命名为"缘缘堂"。

次年（1927），爸爸在30虚岁生日那天（农历九月二十六日），和我三姑妈丰满一起皈依了弘一大师，成为佛门弟子。

就在那一天，爸爸在弘一大师的指导下刻了一枚释迦趺坐莲台的印章，边款是："丁卯九月二十六日于三宝前发阿耨多罗三藐三菩提心竟，敬为弘一法师造此佛像，佛弟子丰婴行时年三十岁。"婴行是弘一大师那天为我爸爸取的法名。爸爸还为姑妈刻了一枚图章，刻弘一大师为她取的法名"梦忍"二字。边款文字为："丁卯九月廿六日在三宝前发菩提心竟，为梦忍姊刻印，婴行时年三十。"

且说，弘一大师在堂名决定后，就写了一纸横幅，爸爸把它装裱起来，以后这堂名就随着主人东迁西迁，直到1933年才有了这新屋。

如今新屋厅堂大了，就另请马一浮先生题了匾额。所以我看到的已是马先生的题字。

匾额下面挂的是吴昌硕的《红梅图》。两旁挂两副对联：弘一大师书写的和爸爸自己书写的。厅的两壁挂弘一大师书写的《大智度论·十喻赞》。书房里也挂了弘一大师写的《法华经·普门品》集句的对联。

爸爸不仅把自己的住宅安排得美观大方，他甚至连缘缘堂门口的那条煤沙弄也要美化一下，把它改名为"梅纱弄"。当时镇政府对路名没什么规定，他要改就改了。缘缘堂的地址是梅纱弄8号。

对于这亲自设计的缘缘堂，爸爸十分心爱，他借用北宋王禹偁《黄冈竹楼记》中的话说：

1937年春在缘缘堂二楼书房作画

丰子恺先生用过的火油灯

> 彼齐云落星，高则高矣。井干丽谯，华则华矣。止于贮妓女，藏歌舞，非骚人之事，吾所不取。

缘缘堂的建筑费，只花了6 000元。但爸爸却视为至宝。他说：

"倘秦始皇要拿阿房宫来同我交换，石季伦愿把金谷园来和我对调，我绝不同意。"

我家在缘缘堂实际上住了五年还差一点，如果从1932年末动工开始算起，有六个"年头"。所以爸爸在逃难时所作的一首词中称它为"六年华屋"。

这"华屋"连电灯都没有，其实石门镇上那时已有发电厂，在运河对岸。晚上听得见发电的隆隆声。不过缘缘堂始终没有装电灯。那是因为供电只到晚上10点或11点，而且没有小火表。爸爸就决定还是用他的"昏昏灯火"（火油灯）了。

有了缘缘堂，我家从此不必再东搬西迁，爸爸可以在这里定居下来了。他辞去了一些教职，在缘缘堂内尽情享受天伦之乐，饱览四时风光。这一时期，也是他创作的黄金时代，他著述中很多都留下了对这一时期的回忆与怀念。

我们孩子们，更是在这里度过了童年的黄金时代。记得我们曾在缘缘堂自编自导自演一些小戏。除了自家的姊妹以外，五爹爹的孙女我的小学同学丰明珍和我们的堂姐兼老师丰桂也参加在内。如果练市来了表姐，也必定一起演出。好不热闹！

虽然爸爸是佛教徒，但为了给家中添些欢乐气氛，每逢圣诞节爸爸总是给我们每人买一袋礼物，等我们睡着后放在我们枕边。第二天我们醒来,他就说是圣诞老人昨夜送来的。我当时信以为真。

缘缘堂时期的童年,值得我永远怀念!

缘缘堂的夏天

我家在缘缘堂一共住了不到五年。在这不到五年的日子里,给我印象最深的是夏天。爸爸带着在杭州读书的姐姐哥哥都回来了,整整两个月,家里好热闹!

缘缘堂楼屋前的水泥院子很大。1985年重建的缘缘堂,比原来小一点。因为原来是地板,重建时因经费关系,改为预制板。预制板没有楼板那么宽。每间房窄一市尺的话,整个开间就要小一米了。水泥院子也就相应地窄了一米。所以当时这水泥院子在我们小孩看来好大好大。重建后感觉小了些,主要也是因为人长大了,看小时候的建筑总觉得小些。院子三边的白包墙造得很高。那是爸爸有意在这居民稠密的镇上圈出自己的独立天地。这一片天地是我们孩子们活动的独立王国。到了夏天,更是趣味无穷!

爸爸请人在院子的上空装上一大片横铺的竹帘,使院子里晒不到太阳。于是我们孩子们的活动场地就更大了。院子的西南角种有好几棵芭蕉树,我们采下一大片芭蕉叶来铺在地上,往上面一躺,其乐无穷。身体下面的芭蕉叶凉爽爽的,上面的竹帘缝里闪烁着蓝天。这种滋味我长大后再也没有尝到过。长大后,尤其是进入老年后,我非常希望什么时候能躺在放平了的躺椅

丰子恺先生用过的烟嘴

上透过大树的婆娑叶丛仰望闪烁的蓝天,大概就是想借此找回一点童年的梦影吧。可即使是这样的要求,现在也难以满足,不是忙,就是找不到这样的地方。

还有一种游戏,用现在的话来说,叫踩滑板车。现在的年轻人可能以为滑板车是现在的玩意儿,其实早在20世纪30年代,爸爸就从上海买回来给我们玩了。只不过当时没有"滑板车"这个名称。这种车一年四季都可以玩,暑假里当然玩得更长久。

在缘缘堂的院子里,当时还有一种游戏,那就是剥莲蓬,"抽老烟"。爸爸常常约了三朋四友在院子里摆开了桌子喝老酒。我们呢,就在一旁"抽老烟"。老烟是用莲蓬做的:我们把莲蓬齐茎切下,这茎的头部约一厘米长是咖啡色的。把咖啡色的一段内部挖空,用嘴吸另一头就可以吸通,这就是"旱烟管"。做好"旱烟管"后,就开始剥莲蓬。我很喜欢吃莲子,剥开后留着慢慢吃。先制作"老烟"。"老烟"有三种:莲蓬内黄色的纤维撕成一条条,放在太阳底下晒干后,算是上好的"烟丝";莲子周围白色的东西撕成一丝丝,那是次等;最外边的绿皮制成的"烟丝"就更是次等的了。

"老烟管"和"烟丝"制成后,我们就开始"抽老烟"。爸爸喝老酒;我们"抽老烟"。其乐融融。

如今,我对莲蓬还有忘不了的情谊。每到夏天,马路上只要有卖莲蓬的,我看见必买。家里人以为我特别喜欢吃莲蓬,其实主要是怀旧心情在起作用。不过,现在我再也没有时间和心情来制作老烟管了。

唉!童年已成梦影,缘缘堂时期一去不复返了!

石门镇不在铁路旁,交通不便,况且爸爸不常住在缘缘堂,所以外地来的访客较少。爸爸在日本时认识的黄涵秋先生倒是来过。据说他是颈子上挂了杭州买来的一串串玩具小竹篮进来的。

另外,据染坊职工章桂哥的回忆,戴葆流夫妇来过一次。章桂在《怀念敬爱的老师丰子恺先生》一文中说:

> 大约是1934年吧,我们故乡特遇百年难逢的大旱灾。灾情严重,古运河河底朝天。当时的国民党反动政府束手无策,听凭老百姓在死亡线上挣扎。《大旱之望云霓》这张画,是先生对当时劳苦农民日夜车水、艰苦挣扎的情景,发自内心的深表同情之作。此画作后,悬挂在缘缘堂楼下西书房内门后。就是那年,我国驻瑞士公使戴葆流先生夫妇,专程由沪来石湾访问先生,而先生却适去莫干山看望他的姐姐去了。因戴先生要求得到先生一点作品留作纪念,是我做主,将此画初稿赠给了戴先生。现在不知有否保留。

缘缘堂的孩子们①

我尊敬的姨父丰子恺为现代漫画家、文学家、翻译家、美术和音乐教育家。当然,对社会影响最大,最受人欢迎的是儿童漫

---

① 本段回忆出自沈国驰女士回忆文章。

石门镇古运河

缘缘堂前古运河上木场桥

画家了。丰先生自己就曾这样说过:"我常常体会了孩子的心理,发现了一个和成人世界完全不同的儿童世界,因此兴奋而认真地作这些画。"他爱孩子爱到什么程度?在他最著名的《缘缘堂随笔》中有一篇《儿女》,他告诉我们:"近来我的心为四事所占据了:天上的神明与星辰,人间的艺术与儿童。这小燕子似的一群儿女,是在人世间与我因缘最深的儿童,他们在我心中占有与神明、星辰、艺术同等的地位。"

这一群"小燕子"中,不仅仅只有他的七个儿女……

姨父在1913年15岁时,就与姨母定亲了。结婚是在1918年,才22岁,我母亲比姨母要小九岁,还是个黄毛丫头。姨父丰子恺的小名叫慈玉,所以我母亲叫他慈哥。

母亲曾给我讲姨父作为"丰姑爷"陪姨母"回娘家"时的故事。现在再讲,这个故事太老了,但从丰子恺为什么会成为终身热爱儿童的漫画家来讲,那就有着耐人寻味的深长意义了。

姨父家住在离县城水路十多里远的石门湾镇。结婚后满月、重满月、过年、过节,这对新人就会一起回县城外婆家。家里侄子侄女一大堆,再加上丫头,整个家就欢闹起来了。最起劲的就是我母亲,那时她小名叫"联联",以她为中心玩得最多的是捉迷藏,丰姑爷就会被蒙上手帕做"瞎子",于是大家没上没下、没大没小、嬉笑追逐、闹成一片。有趣的是这位丰姑爷由于地形不熟、动作迟缓,总是捉不到人。即使在被追捉时,他动作也不敏捷,不是被凳子脚钩住就是被桌椅挡住,跌跌撞撞,老是被捉住而成了替身,在这游戏过程中,平时家里一板一眼的严肃气氛一扫而光。丰姑爷平时对长辈彬彬有礼,对一般人(包括小丫头）平易近人，态度和气，深深受到外婆全家的欢迎，为这幢老屋带来了勃勃生气。

丰姑爷还会领大家做"文"的游戏——动手做玩具。玩得最多的是捏蜡烛油塑成人形与动物，然后又发动用彩色纸剪裁成衣、袍、裙带，给小蜡人穿戴起来。有时姨父会把这一群蜡人配成一出戏，写成唱词对白，各人分配好一个角色。蜡人出场进场，念念唱唱，他当编导忙于指导动作和配对白，使大家既玩乐又增长知识。慈祥的外婆把出嫁的女儿回娘家当成一件大事办，大厅里挂起明亮的汽油灯，准备了各种糕点糖果，像办喜事也像过节。联联是最高兴的，姐姐每回来一次，她也更加成熟起来，她是全家的宠儿，虽比姐姐小九岁，但四年后就轮到她来体验"回娘家"的人生经验了。

由我能亲自体验和理解"一生时时刻刻都在召回自己的童心"的姨父，是在1933年，他建成缘缘堂之后，我还在读小学时候的一个暑假里，也是刻在我记忆中最难忘的到姨母家去度假的情景。

到离开浙江省崇德县城十八华里远的石门湾姨母家，是要乘运河水路上船去的，有脚划船、小划船、机帆船和客船。我父母带孩子们乘的是包的客船，船主叫胜皋，每次去都是包他的船，这船实实在在像个家，非常整洁，前舱是较小的平板空舱，可放行李，也是我们这些孩子玩耍、看小人书或者玩跳棋的小空间。中舱可就是蛮像样的小客厅，四周有板凳，围着一张小方桌，可以作小餐厅，茶室围坐聊天又可搓麻将，使两三个小时的旅程也不致太寂寞。

我那时,只知道姨父的缘缘堂是三开间二层,楼外有水泥大院子,有我们玩的装有秋千架的小院子。屋内大而明亮、爽敞。后来逐渐知道是姨父花尽积蓄实现对祖母的承诺所建造的新家。听他说过"就是用秦始皇的阿房宫来换'缘缘堂'他也不会答允",但可惜存在只有五年就被抗战中可恶的日本鬼子炸毁了……

姨父家和我家加起来有十多个孩子,再加上亲戚的孩子,在缘缘堂刚造好就统统聚合一起玩,真是多么快乐的事。

这幢楼堂,在我幼小的心灵里,它宽敞、实用,不像我家在县城的旧屋,陈旧、不敞亮。这里四周都是名人书画,那个大院子可以给我们孩子们溜冰、滑车,可以摆桌子吃饭、乘凉。最亮眼的有一丛高高的、绿油油的芭蕉,还有葡萄棚,把孩子们玩乐的花园设计得那么美。

姨父把孩子们的暑假安排得很讲究,劳逸结合。上午大家读书写字,认真做作业,姨父则在自己房内吟诗作画或静坐构思,也会抽点时间来关心和指点我们做功课。午睡后,丰富的文艺活动开始了,有时由二表姐丰林先(今名宛音)编教舞蹈或表演唱,我与练市姑母家的九表姐或表妹丰一吟轮流担任主角,其他表兄表姐配以各种乐器,胡琴风琴齐奏,笛声悠扬,有时姨父也来指导排练,更多的是笑吟吟看演出,做忠实的观众。玩一阵后,大家又搬出各种棋牌,有跳棋、陆军棋等。姨父会参与助兴。他说过,也在随笔中写过:"他们笑了,我觉得比我自己笑还开心。"他在我们中间玩得比我们还快乐,完全忘了是我们的长辈。

姨父最投入的便是设计有趣的游戏方法,我记得他教我们玩过不妨称为"造词联句"的游戏。他要孩子们各人在白纸条上写上凡是能想得出的词，路名、代名词、形容词、动词、副词，一张纸写一个词，当他喊出一二三，各人同时摊出就会联成奇奇怪怪的句子，如："某姐，手拿扫帚，在飞机上，打喷嚏。"一次次联成想入非非、妙趣横生的笑话，引起哄堂大笑，当然，姨父也是畅怀大笑中的主角。

姨父画室的楼上，是姨父的姐姐丰满姑母的卧室。室内有个大玻璃橱，是三表姐丰宁馨放玩具的，其中陈列着很多洋娃娃，于是我们几个女孩子常替洋娃娃缝制漂亮衣裙。我们都找来最鲜丽的零头布或拆掉小时候的衣裙来给洋娃娃打扮。姨父是画家，由于对色彩的敏感、衣裙的缝制都很会欣赏和评判，这时又可以给我们上美术课啦！

楼上东房是姨母的卧室，大床放在中间。她给我在靠窗西壁安了个小床。中央一间是姨父的卧室，大表姐丰陈宝睡的是此室靠东壁的小床。这下可好啦，我与大表姐正好隔一层板壁，不用耳贴板壁就可以对话，但声音不能太响，是会影响姨父姨母安睡的。姨父关心我们两个阿大，特意用硬纸和线，为我俩做成一个"电话"，线从板壁中穿过，成了一部"对讲电话"。说来也奇怪，这玩意儿还确实能增强传音的功能。从这细小事件中，可以看出姨父是这般关爱孩子，想方设法乐意为孩子增添乐趣。

半个多世纪过去了，如今我非常珍惜我美好的童年，这段幸福童年，是我父母给的，更是姨父姨母为我创造的，我在他们用爱营造的双体船里度过金色童年。我母亲曾是受到外公外婆特殊宠爱的"小联妹"，那么我呢？我也是多子女的父母特别宠爱的"长女"。为什么？原本我还有个哥哥，他才是名副其实的长子，不料在七岁时，突患急性脑膜炎失去了生命。全家沉浸在悲哀中就会迷信"算命"，那位相命先生居然从我的八字中（即我出生时的日期与时辰）算出我的"命硬"——不仅可以理解为生命力强，还可以保住以后的男孩。其实是整个社会医学落后，没能控制和克服传染病的流行。像我大伯父母生了十个孩子，有八个孩子在月子中脐带风（即收生婆接生不讲卫生，让初生婴儿被破伤风侵害），不能及时抢救而死去，只存活了两个孩子。随着医学进步和控制急性传染病的能力的加强，提高了初生儿的存活率。姐姐"命硬"并不能保弟妹生命，但实际确实给算命先生说中。其实也是因为社会医学知识在逐年提高和父母更加吸取教训，加倍关心子女的疾病治疗而已。

由于我这女孩有了特殊意义的存在，引起长辈的重视，使姨父姨母们百般呵护、关爱我，支持我成长，尽管他们已有那么多子女小辈，仍把我当自己的女儿。父母之心，爱子孙一世。我在"双体船"上是多幸运啊！记得有次我睡晚了，醒时，只见姨母坐在我小床边上注视着我的双脚，很感触地告诉我：虽然外公思想比较开明，但按那时的小县城的风俗，女孩到了年龄仍要缠足。她双足的小趾在出生时就是骈趾畸形，因缠足，小趾被压扁而不引人注意。可这一遗传基因下她的三个女儿的脚趾都是正常的，却奇怪地传到我们二姐妹身上。

我那时还小，根本听不懂姨母说什么。后来长大了，才逐渐明白，这种血缘亲情遗传给亲侄女并不奇怪。有次，姨母又谈及此事时，我深情对姨母说笑：姨父的勤奋好学勇于进取精神，达观率真、坚持真理、光明磊落的性格，天赋艺术细胞的基因，姨母的包容大度、贤惠善良、无私母爱的基因,都遗传给了子女孙辈。你俩才会有"满眼儿孙皆俊秀"的真情流露。当然,虽然对我只遗传了姨母的畸形的小脚趾头,但因你俩对我的关爱和教育,以及我以自己的努力,能尽到作为长女的责任,我不是一样也很优秀吗?我不知道关于遗传基因问题,对亲爱的姨母讲清楚没有……

2 沙坪、湖畔小屋

———— 颠沛流离的岁月

星汉楼

1937年7月7日,日本帝国主义制造"卢沟桥事变",开始发动对中国的全面侵略战争。日军于8月13日进攻上海,在金山卫登陆,到处狂轰滥炸。爸爸下了决心:宁为流浪者,不当亡国奴!爸爸懂日文,如留下来,不堪设想。他决计带全家逃亡。

逃难至今,每个地方都住得不长久,住得最久的桂林两江,也不满一年。1939年12月1日全家相会于都匀住了约一个月,于1940年初到达遵义后,一直住到1942年11月离开遵义赴重庆。在遵义住了近三年,所以印象较深。

刚到遵义时,我们住在"丁字口"附近的一个旅馆里。据说后来到那附近的浙大宿舍住过,但时间不长。不久就迁居丁字口东北郊的罗庄。丁字口是遵义这座城市的中心，后来那里曾挂过一幅抗战宣传画，内容是画敌人残杀我国同胞的惨状。看了使人触目惊心、怒发冲冠。据先姐回忆，这幅画是一位姓颜的青年画家和一个八龄小画家合作画成的。他们曾来请爸爸指导。为此，爸爸颇费了一番功夫，花了不少心血。但他不要署名。画上只署着两位大小画家的名字。

罗庄离浙大所在的市中心大约有两公里多，在罗庄住了约一年，爸爸嫌每天走来走去太浪费时间，便在丁字口西南边狮子桥附近的南潭巷租了熊家两间房。迁居的时间，大约是1941年早春。这里是两层三开间的新楼，但楼下厅屋很高，上方没房间。只有东西两间的楼上才有房间。楼下西房不记得是作何用；楼下东房后来租给蚕桑研究所所长的弟弟蔡复绥夫妇和一女一子四口之家居住。我家则租了楼上东西两间。这两间北边由一条高空走廊互通来往。这走廊下方，也就是楼梯的北边，就是我家的厨房。楼下的蔡家后来成了我们家的好朋友。

楼上的东西两房各隔为前后两间。爸爸住东房前间，子女住后间。满娘软姐住西房前间，外婆妈妈带着恩狗住后间。不过后来我们又在隔一段路的东边租下了"赵老"家的一间平房，满娘软姐搬过去住过。

那时候，爸爸本拟让我的姐姐哥哥们以"同等学力"考浙大，但按规定必须有高三文凭。当时爸爸的老友刘薰宇先生正在遵义以南的修文当贵阳中学校长，便通融让他们插入高三下学期，读半年后取得文凭。又因成绩优秀，被保送到浙江大学，到遵义以东的永兴去读浙大一年级上学期。所以家中少了好几个人。

在熊家新屋，向南开窗可望见湘江，风景很好。有一天晚上，爸爸照例临窗独酌，但见月明星稀，与楼前流水相映成趣。他忽然吟唱起苏东坡补写的《洞仙歌》来。这首诗爸爸教过我，所以他一吟我就懂得。当他吟到"时见疏星渡河汉"时，反复吟诵此句。就给熊家新屋冠上了"星汉楼"的楼名。酒后，爸爸欣然执笔，写下了这三个字，托人去装裱成横批，悬挂在前房内。

我在豫章中学还没念完初一就患了副伤寒休学在家。那时我家已迁至这星汉楼。病愈后就靠请家教补习。后来到了重庆，靠爸爸的关系，我以"同等学力"混进了大专。这是后话。

在星汉楼，有一次我穿着"童子军"衣服（当时全国性的校服）在纸上涂鸦，被爸爸速写下来，后来又画成彩色画，题上陶渊明的"杂诗十二首"中一首的末尾四句：

盛年不重来，一日难再晨。及时当勉励，岁月不待人。

旁边题"一吟十二岁画像"，下边是"卅年七月于遵义"及图章。

星汉楼邻居蔡家夫妇的孩子，留给我们很深的印象。长女佩贞那时足龄四岁，长恩狗一岁，成了恩狗的"青梅竹马"。佩贞的弟弟桂侯才两岁。我那时12岁，成了他们的"头儿"。由于我热衷于看《水浒》，宅东有一土堆，就成了我们的"梁山"。我竖起一面小红旗，占山为王。附近有一个叫陆的康的小友，还有房东熊筑林的两个被我们称为"房东囡囡"的儿子，以及有时也来参与玩耍的巷内两个男孩，一个被我们称为"鼻涕囡囡"；另一个品质较差，就被我们冠以"不好囡囡"的名称。我们一起玩耍，没想到爸爸在楼上看。他记下有趣的镜头，绘成一幅幅小画。也给蔡家赠送过一套。蔡家把其中几幅贴在墙上，被一位送信的邮递员叫王树本的看见了，很喜欢。他也通过蔡家向爸爸要了四幅这种小画。

星汉楼对面青山绿水，风景很美。不过常有人抬棺材经过。我们这边望得清清楚楚。小孩看见新奇的事物就要学。恩狗和佩贞竟把小凳翻一个身，插进两根竹竿，也学起抬棺材来。而爸爸竟也画了他们抬棺材的样子。这样的即景画，爸爸一共画了47幅，也包括别处的。例如画恩狗因从小吃甜的炼乳而蛀坏了牙，拔牙齿拔怕了，以后带他去哪儿都要逃。又有一幅画恩狗不肯随父母去徐子文站长家做客，我陪着他躲在警察亭后面。谁料65年后我竟在天山茶城三楼我和两个外甥开办的"丰子恺艺林"里见到了徐站长的女儿。真是奇缘！

其他种种好玩的事，无不进入爸爸的画中。

六十多年后，我们居然会与佩贞重逢，真是意想不到的事！佩贞买到了我和宝姐编的《爸爸的画》，通过出版社打听到了我家电话。我们激动地追溯往事。我告诉她，恩哥在香港工作，她说她也住在香港。啊，那么巧！于是，佩贞和她丈夫等人和恩哥在香港重逢了！佩贞夫妇还来上海看我。谁又料到，认识还不到两三年，恩哥就猝死了。真是"世事茫茫难自料"啊！

在去老城还没过江的地方，有一家好像叫泰来的馄饨店，我常去吃。还有一家大众服务社，三个姐姐做了一些布娃娃，请满娘画了脸，送去请他们代卖，居然也卖掉了几个。

星汉楼时期，我开始服侍爸爸写字画画。所谓服侍，其实只是磨磨墨，拿拿纸而已。有一次爸爸要写对联，叫我在他对面按着对联的头。由于桌面小，爸爸才写了三四个字就叫我"抬头"。我连忙把自己的头抬起来。

"啊呀，抬头呀！"

我便把头抬得更高。爸爸笑起来：

"我叫你把对联纸的头抬起来，抬得和桌面一样平，不要让它垂下去。这样我看着上面几个字才能写下面的字。你怎么把自己的头抬起来了？！"

爸爸笑得几乎写不下去了。

在星汉楼上，爸爸饮酒后常常拉着调子吟诵诗词。我听多了就能背。可惜没头没尾的，既不知作者，更不知题目，但得益不少。爸爸还常给我讲这讲那，讲的都是些好玩的事。例如，他说某一地方的酒店，几乎家家都在酒里掺水。有一顾客进门听见掌柜在问伙计：

"君子之交淡如何？"

"北方壬癸已调和。"伙计回答。

岂知那顾客懂得他们的暗语，便说：

"有钱不买金生丽。"说完就回头要去对面。老板说：

"对面青山绿更多！"

我听得莫名其妙。爸爸给我解释：

"《论语》里有'君子之交淡如水'这句。老板的意思是问伙计你掺好了水没有。北方和壬癸都是代表水，意思就是水已调和好。'金生丽水'隐去一个水字，就是说我有钱不买你掺水的酒——"

"哈哈，我懂了！老板是说对面那家酒店掺的水更多。"

爸爸还讲济公的事。他说有一家人家办婚事，请济公去喝彩。济公便在婚礼上大声说："老的死起死到小！老的死起死到小！"那人家气死了，用棍棒打济公。济公便说：

"那就乱死乱死！"

爸爸解释说："本来济公是好意，让人按年龄老少次序死。被他们一打，他就说了乱死，从此人就不按年龄老少次序死了。"

爸爸说后若有所思。是的，他的两个弟弟都夭折。我的姐姐三宝、哥哥奇伟和小产的阿难都是夭折的。天道真不公平！

我还记得，每当天凉快了，爸爸看一看寒暑表，就穿上夹袄。（那时没毛衣，有了毛衣后爸爸也不喜欢穿，说是捆绑在身上不舒服。）一边穿，一边总是反复地说：

"73度着夹袄。73度着夹袄。"那时用的是华氏。73度相当于24摄氏度。

住在星汉楼近两年，是爸爸作品多产的时期。他还完成了一个大愿，编绘了一部《子恺漫画全集》，交上海开明书店于1945年12月出版。这套全集中有旧作，也有新作。

在遵义，爸爸交友甚广。记得他常与王星贤、黄羽翼、田德望、蹇先艾、李子瑾、王光衡等人来往。王光衡后来由爸爸改名为王质平。

沙坪小屋

我家去重庆是分两批走的，因为听说重庆房荒严重，虽然家里已只剩四人,还是不敢同行。爸爸和我带着行李先行。妈妈带着恩狗等爸爸租定房子后才来。本来说好邻居蔡绥远先生也和妈妈一起来的。但他终未成行,我们就此分别了,在蔡先生去世以前再也没见到他。

刚到重庆时,我和爸爸就住在沙坪坝正街陈之佛先生家。陈先生来重庆早,住的房子较宽。有一间通向晒台的空房可供我们住。晒衣人要穿过此房。这已是很好的条件了。厨房兼饭厅在下面。从前面的马路看来那是地下室,但那房间后面却是平地。这是重庆山城的特点。

沙坪坝离重庆一两小时公共汽车路程。中央大学也在沙坪坝,所以周末宝姐和华瞻哥也来陈家。我家那么多人在陈家住宿吃饭,陈师母热诚对待,毫无怨言。我们如今回想起来都觉得不好意思。陈家有二子二女。幼子家玄、幼女修范都成了我的好朋友,直到现在还有往来。

11月一到重庆,爸爸马上举办了他的个人画展。这是爸爸第一次举办亲自到场的画展(由别人代展不算在内)。地点是在重庆市中心的夫子池。展出的画,都是逃难中新作的山水人物彩色画,幅面约23厘米宽,30厘米高。爸爸说过他的画宜小不宜大。这尺寸已经比以前似信笺大的黑白漫画大多了。关于这次画展,爸爸有《画展自序》一文(1942年11月)专记其事。

其后《文学周报》上便开始发表爸爸的简笔画,并冠之以"漫画"二字。后来,常有人称爸爸为"漫画的鼻祖",爸爸自己并不这样认为。他只是"暗中摸索"出了自己的风格。至于"漫画",事实上在中国早已有了,只是郑振铎先生第一次把这个名称冠到爸爸的画上。1925年12月,《文学周报》社出版了爸爸第一本画集,就名为《子恺漫画》。

从黑白的人物漫画到彩色的山水人物画,确实是抗战以后爸爸画风的一大转变。宝姐说,她更喜欢爸爸的简笔人物画。我也有这样的感觉。不过,现在市面上所能看到的真迹,几乎只有彩色的山水人物画。那是因为黑白简笔画都已交出版社付印,书出版后原作是不归还作者的。加之那大多是早期作品,经过抗战,早已毁于战火。而那套彩色的山水人物画则是专供展览的。

话扯回来。这次画展所得五万多元法币,1943年入夏前用来建造了一所极简陋的自家的住房"沙坪小屋"。

我们终于有了自己的房子!那房子和如今的房子相比,不可同日而语。唯一的优点就是有一个庭院:用竹篱围起来,约二十方丈土地。房屋占其中的六方丈,坐落在西北角。房间的安排没说的,很实用,因为那又是爸爸亲自设计的。两开间,正屋隔成田字形,只是西北那间扁一点。朝向当然是南。进门就是客厅兼食堂,约一方丈半弱。后面的北房只有半方丈多一点,是家人卧室。东边前后间平分,前房是爸爸的书房兼卧室,后间也是家人的卧室。西边的披屋后间是厨房,前间也是卧室,不是后来加造的。

布置合理,但结构就很差了:用竹片做成紧密的篱笆式的墙,涂上泥,刷上一层石灰,就算是墙了。爸爸称这为"抗(战)建(国)式"的房子。外墙的石灰必须是灰色的,那是防空的要求。里边才是白的。由于墙壁太薄,夏天早上东边的太阳晒上来,东墙几乎可以烤烧饼。室内是泥地。有时可以看见老鼠钻来钻去。

麻雀虽小，五脏俱全。厨房外西北角还造了一个很小的厕所。

周老板为了祝贺我们搬家，特地扛了一株五六米高的芭蕉送来，替我们种在花园的东北角里。他听见爸爸常念蒋捷的"流光容易把人抛，红了樱桃，绿了芭蕉"，知道爸爸喜欢芭蕉。

由于重庆多山地，院子里的泥层很薄，下面尽是岩石，只能种些番茄蚕豆之类。芭蕉倒能成长。

我们颠沛流离了近六年，如今居然有了安身之地。尽管房子简陋，却毕竟是自家的。爸爸把这房子命名为"沙坪小屋"。沙坪小屋不仅内部简陋，地点也较荒凉。四周没有邻居，只有坡岩起伏。远远望来，沙坪小屋犹如一座亭子。所以爸爸自称"亭长"。

南边望得见一排叫作"合作新村"的房子，有几个熟人住着。从沙坪小屋去正街，要走里把路。半途中是吴朗西先生家租住的砖瓦房，门口刻着"皋庐"二字。但是过了皋庐再往前走，却必须经过一排坟墓。我总是屏住气加速步伐。

穿过正街，是往中央大学的路。半路上有一家私人医生的诊所，医生姓彭。有几天，他家门口竟停着一具尸体。据说是医疗事故致死（不知是否真实），家属故意在他门口停尸。我经过那里自然又是一番惊吓。

总之，我觉得以前外面到处都是坟呀尸体呀，家里都是蜈蚣呀老鼠呀，床上有臭虫呀跳蚤呀，身上有白虱，头上有头虱……有那么多动物威胁着我们，至于苍蝇、蟑螂、米虫、飞蛾等，已不在话下了。自从回江南住进上海的"洋房"后，我摆脱了这一切恐惧,现在见了一只蟑螂也要大惊小怪了。

我怕蜈蚣蟑螂之类的虫豸,却喜欢猫呀鸟呀之类的小动物。

爸爸在重庆结识了一个新朋友,叫蔡绍怀,号介如。蔡介如先生是遵义罗庄时替爸爸灌肠的汪小玲之夫汪殿华的亲戚。蔡先生除了画画以外,喜欢养鸽子。为了有别于另外姓蔡的人,我们一直称他为"鸽子蔡先生"。他送给爸爸一对鸽子。后来这对鸽子生下小鸽,渐渐繁殖起来。

我读书的艺专在盘溪黑院墙。路很远,要经过中央大学,到中渡口摆渡到对岸,再走五华里路。所以我也是住校的。有一次我把一只鸽子带到学校,在它腿上系一信,放了它。它居然飞回沙坪小屋。

很感谢鸽子蔡先生给我们带来这份欢乐。到1995年我进上海市文史研究馆时,蔡先生已经是馆员了。我经常去看望他,直到他逝世。这是后话。

在沙坪小屋时,我们还养过白鹅。那是爸爸的年轻朋友夏宗禹送的。夏先生要离开了,舍不得家养的白鹅,便从北碚把它带到重庆。爸爸亲自抱了这白鹅从重庆搭车回家,把白鹅养在院子里,一直养到抗战胜利我们要卖掉沙坪小屋时才转送给别人。

爸爸是喜欢自由的人。他在艺专当教务主任并教艺术概论,虽然难得去学校,去时总得与人周旋。这是他最不喜欢的。不久他就辞去了月薪118元法币的职务。辞职后,他高兴地说:"我的时间全部是我自己的,这是我的性格的要求。"于是他就经常观察这白鹅的一举一动。

鹅的样子很高傲,像狗一样会看门,但对主人并不像狗那样亲昵。爸爸说它对任何人都"厉声呵斥"。在这旷野荒郊，这鹅给爸爸带来很大的乐趣。鹅被送走后，爸爸很怀念它，专门写了《沙坪小屋的鹅》一文。爸爸在文末说：

> 送出之后的几天内，颇有异样的感觉。这感觉与诀别一个人的时候所发生的感觉完全相同，不过分量较为轻微而已。原来一切众生，本是同根，凡属血气，皆有共感。所以这禽鸟比这房屋更是牵惹人情，更能使人留恋。

我家经常有几只野狗来，常抢鹅的饭吃。饭被狗吃完后，鹅老爷昂首大叫，似乎责备主人供应不周。鹅生了不少蛋，家里的人皆大欢喜。寂寥的沙坪小屋中有这样一只高傲的白鹅，给我们带来了不少欢乐。

湖畔小屋

1946年7月上旬，在胜利后将近一年时，我们终于恋恋不舍地离开了托庇近四年的山城。逃出来是十个人，走陇海路回去的是八个人：爸妈、我和元草哥、恩狗，以及先姐慕法哥带着他们的长子宋菲君。菲君那时才四岁，吃饭时，爸爸用一部两本头的《辞海》垫在凳子上，让他坐高些。这部《辞海》本来是给恩狗垫着坐的，恩狗已八岁，可以让给他外甥用了。

1946年9月25日，我们在南京上岸换火车到达了上海。不久，我们就回故乡石门镇去凭吊缘缘堂。缘缘堂只剩了一排墙脚石。

潇洒风神永忆渠 。042

今所望见孤山放鹤亭

在相当于爸爸书房的地方长了一棵两人多高的野生树木。我们在桂林时收到姑婆来信说缘缘堂的烟囱还在,象征"烟火不断",可如今烟囱也已不知去向。华瞻哥即将去北京就职,他要带一点缘缘堂的纪念品去,便到处找,后来用利器在草地里挖了尺把深,才挖到一块焦木头,依地点推测,大概是客厅门槛或堂窗的遗骸。他把这块焦木头藏在火柴盒里了。

这天晚上我们住在丰嘉麟大伯的第三个儿子坤益哥家,爸爸喝了很多酒。第二天,我们到杭州去了。爸爸决定在杭州定居。此行就是为了"另觅新巢"。

杭州本来就是爸爸的第二故乡。我们先到素食处功德林的旅馆部下榻。后来搬到招贤寺住了一段时期。

招贤寺位于里西湖边的静江路(今北山路)上。那里的路面打了一个小弯。拐弯处有一片废墟,围着一圈墙。人们都称这地方叫"大礼堂"。招贤寺就在大礼堂的东隔壁。

爸爸买了一架"蔡司"牌相机给我,这牌子在当时是很不错的。我后来就用这相机替爸爸拍了很多照片。我拍照技术差,不过总算给爸爸留下了一些纪念。第一卷内拍的就是招贤寺内的人像。有一天我和爸爸都在走廊内。

"爸爸,你别动,我给你拍一张照!"

爸爸一听说要拍照,不知为什么马上举起双手,做了一个"仰天长啸"的姿势。不明真相的人,还以为这张照表示他正在为什么高兴的事而狂欢呢。

我读书的国立艺术专科学校那时也已从重庆迁到杭州。地点在风景优美的白堤上,孤山的脚下。我上学只要先往西步行,走过西泠桥，再往东走就到了。

　　这年秋天，我陪爸爸到上海大新公司（今中百一店）举办了一次画展，卖得约五百万法币，以供在杭州租屋用。

　　11月上旬，我们受"练市姆爸"之子周志亮（我叫他中明哥哥）的邀请，去参加他的婚礼。爸爸当他的证婚人。这一顿喜酒，我着实地饿了肚子，因为在四川吃惯了素菜和瘦猪肉，海鲜一概不吃，而席上偏偏大鱼大肉，我只得偷偷地逃出去到摊头上买油沸豆腐干吃。

　　次年（1947）3月，爸爸在招贤寺拐弯处，过了"大礼堂"的那地方，即静江路85号，租到了一所平房。虽然房间里是泥地，但这房子地势高，从马路要走上五六步石级才进门，所以并不潮湿。一共有五间房：三间正屋，天井左右各有一间厢房。东侧还有厨房等附属建筑。爸妈各占东西正屋，西厢房是满娘和软姐住，东厢房则是客房。搬家那天，石门东浜头南圣浜雪恩娘（即雪姑母）的儿子蒋镇东和乡亲阿六来帮忙。岳英哥一家也已迁回江南，前来助兴。

　　画展所得约五百万法币，尽数用在这屋子的租赁费、简单装修和购买简朴家具上，竟还不够。

　　这租屋位于风景地区，开门就见到对岸孤山和山下的放鹤亭。爸爸脱口而出：

　　"门对孤山放鹤亭！"

　　咦！这可以成为一副对联的下联呀！那么上联呢？爸爸想了几句，都不满意，后来靠好友章雪村先生帮忙想出了上联"居临葛岭招贤寺"，太好了！

招贤寺旧址（今北山路60号）

这风景优美的住屋，后来又加了附属建筑。因为家里来住的子女多了，爸爸经济也略有宽裕，便在正屋的后面自己添造了三间扁扁的小屋。房间虽小，却有室名。西边爸爸住的房间后面那个小间，爸爸取名为"宜椿室"，我就住在这里；东边妈妈带恩狗住的房间后面那小间，取名为"宜萱室"，元草哥从北京铁道学院回来时住。中央一小间没室名，华瞻哥从北京回来时住过。

爸爸在上海时，其实曾答应到杭州后再去浙大任教。可是到杭州后"临阵脱逃"，又过起悠闲的赋闲生活来了。

这屋子，爸爸称它为"湖畔小屋"。但没有为它写屋名。这里住的时间不长。住到1948年夏天，就去台湾了。我们在这湖畔小屋里只住了一年半。

我们在杭州安家后，故乡的雪恩娘和乡亲们来看我们就很方便了。尤其是烧香时期，我家好比开了饭店旅馆，接待故乡的烧香客。有的并不认识，反正都跟镇东一样叫我爸妈一声娘舅舅妈，就来吃住了。妈妈忙得不亦乐乎。幸有一个叫章鸿的，妻子名秀英，夫妇俩给我家帮忙。他们所生女儿叫三芳，一家三口都住在我们这里，章鸿夫妇帮我们料理家务，三芳尚未入学，就在我们家和恩狗一起玩。

爸爸是喜欢热闹的。他用苏东坡的句子写了一副对联挂在家里：

"酒贱常愁客少，月明都被云妨。"

那一阵子客人可真多啊！

马一浮先生的"复性书院"那时就在静江路上我家与西泠桥

之间的西湖边"葛阴山庄"内。就像逃难到桐庐乡下时那样,又成了我们家的近邻。爸爸能随时前往,聆听教诲,其乐融融。

通过许钦文先生的介绍,爸爸找年轻的易昭雪医生装了一口"义齿"。说起装全口假牙,我记得妈妈是在重庆沙坪坝的沙磁医院装的。那医院在大众剧场(就是我演过《投军别窑》的剧场)对面,每次都由我陪去。我算了一下,妈妈那时实足年龄还只有48岁吧。爸爸如今装全口假牙,实足年龄也才49岁。我到80岁的现在,还只是上下补装,并未装全口。可见爸妈那时生活实在太苦,营养太差,以致早衰。

爸爸非常感谢易昭雪医生的高超技术,写了两篇装牙的文章称颂他。2007年10月,女儿陪我到杭州去开会,我们抽空访问了易先生,他身体健朗,剥一个柚子给我们吃。我在家吃柚子是靠年轻人剥的,我才剥不动呢。我打算制止他别剥,我想,他已85岁高龄,他还没剥好,我们要赶着去开会了吧。哪里知道他很快就搞定。我惊叹易先生手劲真大,女儿说:

"你别忘了易先生是替外公拔牙的,手劲当然大!"

噢!我恍然大悟。

在湖畔小屋时期,1948年,爸爸的老友郑振铎先生来访,爸爸有《湖畔夜饮》一文专记其事。郑先生就是最初选用爸爸的漫画登上他主编的《文学周报》的"伯乐"。两人十年阔别,畅饮叙旧,用贴在墙上的苏步青先生送给爸爸的诗作为佐酒的菜:

草草杯盘共一欢,莫因柴米话辛酸。春风已绿门前草,且耐余寒放眼看。

没想到这次会面后十年,郑振铎先生在飞往阿富汗和阿拉伯做友好访问的途中,在苏联上空遇难,从此永诀了。

3 日月楼

——————————————————— 人世沧桑的见证

日月楼中日月长

上海解放前,有不少人往尚未解放的地区逃,甚至逃到国外。我们却在爸爸的安排下反而"逃"进来。不过全家尚未团聚,还有华瞻哥去美国留学未归,宝姐在尚未解放的厦门教书。爸爸写了长达十页的信寄给华瞻哥,在信中详述家人近况,热烈赞扬新社会,歌颂解放军。爸爸要求华瞻哥看过这封信后转给在厦门的宝姐。谁知这封信差点害了宝姐。宝姐后来告诉我们说,有人透露给她听:这封信转到厦门后,被特务机关截获,拍成缩微照片存档。当局打算逮捕我大姐,只因经办此事的人同情教育界,才改为暗中监视她。

刚解放时,国民党飞机屡屡侵犯上海上空。我们住的地方附近工厂较多，经常成为轰炸目标。爸爸在上海艺术师范任教时的学生（后来又成了开明书店同事的）钱君匋创办的万叶书店，位于安全的卢湾区。他担心老师的安全，邀请我们到那里去住。这年的7月4日，我们就搬进了南昌路43弄（临园村）76号，住在二楼。汉兴里的房子，后来以"小黄鱼"顶了出去。

爸爸稿费收入多起来，口袋里的钱又要"哇哇叫"了。爸爸想另外"顶"一处环境较好的房子。爸爸和宝姐商量，宝姐问爸爸顶房子要多少钱，钱是否已有准备。爸爸支吾地说：

"顶费六千块钱……"

"那你是否拿得出？"宝姐知道爸爸在钱的事上不会打算，17年前，次日要逃难了还没准备好钱，全靠子女们把压岁钱凑起来才够开支。爸爸说：

"我可以借内债。一吟有稿费，你妈妈有私房钱，还有华瞻，在美国待了几年回来，总有点钱吧。"

宝姐听爸爸说是要东借西凑，便反对顶房子。

爸爸不大开心地对我说：

"你宝姐反对我顶房。她一向是个做事稳健的人。我还是想顶。"

作为爸爸未来的"债主"之一，我没有反对。

于是爸爸不听宝姐劝告，还是托人觅屋。有一次，一位姓沙的女士做中介，帮我们在陕西南路39弄内找到了一幢房子，就在进弄第三家，门牌93号。即将最后谈妥时，我和满娘就到那附近去"观察"。

"啊，这里斜对面就是米店、药房，还有花店！"

花店对我们来说是从未见过的奢侈店。

"喏,还有小吃店,淮海路口还有这么大的食品商店、水果店、专卖收音机的商店和银行!方便极了!空气又好!"

那地带原是英租界,比四马路"洋"多了。我们两人好像到了外国似的兴奋,回家一一比划给爸妈恩狗他们听。

可是,正当大家欢喜雀跃时,爸爸却病了。病得不轻,是肺结核加肋膜炎。我也曾于1950年7月患过肺结核,可见福州路的房子空气污染实在太严重。

爸爸住了医院,抽了积水。房子已付了顶费,只待我们搬进去。怎么办呢?

"这样吧,一吟你和恩狗先搬进去,我和你妈妈等我病好了再搬。"爸爸在病床上无奈地对我说。

1954年9月1日,我和恩狗搬进了一生从未住过的西班牙式小洋房。前房客叫董太太,带着一群孩子搬到了自建的三层阁楼上,一楼二楼全让了出来。她丈夫在印尼。她怕丈夫有外遇,所以顶掉了房子马上就要动身去印尼。这房子她已住了多年,对门前的一草一木都有感情。

"这木桃是我亲手种的。还有这山竺、这紫荆……你们可要保护好啊!"好像托孤似的。

那天晚上,我和恩狗决定吃一顿洋晚餐——麦片加糖,那时视这为珍品。我下厨。煮好端出来,恩狗马上开始吃。

"啊呀!咸死了!"

"什么?!"

我恍悟:原来我放糖时错放了盐!那时我们爱吃糖,不像现在忌多吃糖。所以我还特地多放一点。

次日,我们到后门口去刷牙。啊,蓝色的天!绿色的树!红色的瓦!这么好的环境!我们去医院看望爸爸时,把自己美好的感受讲给他听。爸爸憔悴的脸上出现了笑容,但还是有几分担忧的样子。

"爸爸病快点好,早点来住吧!"我们安慰他。

爸爸总算出院了!进门后第一句话是:

"一吟!你宝姐的话是有道理的。我在医院里常想:这次如果我出不了院,就此走了,留下你们和这房子怎么办!"

"爸爸别说这样的话,你是吉人天相,不是平安地出院了吗?这里环境真好啊!"

爸爸先不上楼,把床放在楼下,我也在楼下陪他。

我把新屋的情况一一描述给爸爸听。爸爸能起床走动时,我们就让他搬到二楼去睡。他看到那室内阳台不仅有南窗,还有东南窗和西南窗,阳光充足,很高兴。晚上又发现上面有天窗,皓月当空。

"好一座日月楼!"爸爸不禁脱口而出。

接着,爸爸似乎又在思考什么。忽然说:

"日月楼中日月长!"

"这好像是一句诗。"我顺口说。

"不,应该是一副对联的下联。那么上联呢……"

爸爸苦苦思索,没有想出合适的上联。他把这事告诉了郑晓沧先生和马一浮先生。郑先生为他撰了上联"琴诗影里琴诗转";马一浮先生为他撰了上联"星河界里星河转"。爸爸把这上联告诉了郑晓沧先生，郑先生也大加赞赏，说"星河界里星河转"宏伟壮丽，并表示自愧不如。于是爸爸决定用马一浮先生的，并请求马先生书写。马先生那时住在杭州，任浙江省文史研究馆馆长。他毕竟是大学问家。

爸爸自己写了"日月楼"横批，和这对联一起裱了，挂在阳台上。从那时开始，爸爸在日月楼度过了21个春秋，不算短。遗憾的是后九年遇上了史无前例的浩劫！不过，这前12年毕竟是幸福快乐的。

日月楼鼎盛时期

有了这么宽大的房子，住在外面的宝姐先姐和她们的孩子们、故乡的亲友们都经常来玩。家里到了星期天常常很热闹，甚至星期六的晚上就有外孙来住宿。（那时每周只有星期天休息一天。）

楼下的家具基本上都是前房客董太太留下来的，在我们看来是豪华至极。那吃饭的桌子本来已够大的，还可以拉开来在中间加板。外甥们常在这里打乒乓球。据外甥杨子耘回忆，他们几个还坐在三楼楼梯上借助打过蜡的滑力滑下来，滑到二楼转个弯，一直滑到底楼，大人们也不加干涉。只有爸爸午睡时妈妈才喝住他们，那时他们就乖乖地一声不响了。

我们隔壁92号张家的两个女孩也经常参与玩耍。其中小的一个叫萍萍，后来我认了她做干女儿的，也常来宿。我还像在遵义时那样当孩儿王，她们都住在我房里。

爸爸爱孩子，是众所周知的。但他不是仅仅爱自家的孩子，他爱普天下的孩子。邻家的萍萍和她的姐姐芳芳常来我家，爸爸都喜欢。那时我家已托姐夫民望哥买来了一架旧钢琴（新钢琴是买不到的）。弹琴的主要是我弟弟，但我有时也在琴上弹弹单音的歌曲，教芳芳萍萍唱歌。有一次我教她们唱李叔同先生的《送别》，唱到"天之涯，地之角，知交半零落"时，爸爸在一旁微微叹息。歌唱完后，爸爸说：

"一吟，你教孩子唱'知交半零落'，不大好。"

"可是这首歌实在好听啊！"我无奈地说。

"让我来把歌词改一下，改成适宜孩子唱的。"

爸爸说改就改。第二天我再教她们唱时，歌词已变成这样：

星期天，天气晴，大家去游春。
过了一村又一村，到处好风景。
桃花红，杨柳青，菜花似黄金。
唱歌声里拍手声，一阵又一阵。

爸爸写通俗的文字最拿手。这歌词，我用不着解释，两个孩子一唱就懂。

爸爸还为芳芳萍萍选一个曲子填了一首歌词：

今朝夜里好月亮，芳芳萍萍去白相。
走到门口马路上，碰着隔壁丰娘娘。
正好有部微型车，停在陕西南路上。

三个人连忙上车去,到外滩去看月亮。

我们用上海话唱,更是顺口。

有一次,爸爸和我带了小冰(先姐的儿子宋雪君的小名)和萍萍去西郊公园(后改称动物园),回来时公交车排队长得转几个弯。我们不耐烦排,就开始步行。萍萍走不动时由我背她。走得肚子饿了,却买不到吃的。只见一家炮仗店。爸爸说:炮仗也可充饥啊!说着,他就去买了一串鞭炮,把串绳拆散成一个个炮仗,用他随身带的打火机点燃了放。边放炮仗边走路,果然忘了饥饿。后来终于搭上了公交车。总之,和爸爸在一起,苦中也会作乐。

不仅孩子们热闹,到了周末,上午爸爸照例有几位固定的客人来访。朱幼兰先生(当时在中学工作,后来任上海佛教协会副会长)慕爸爸的名,设法打听到了地址,以后一直是周日的座上客,如今我还和他的儿子显因有来往。朱南田先生(酱园的职工)也经常来,他对《护生画集》做了很大的贡献。我和恩狗借用白居易《琵琶行》中"大珠小珠落玉盘"一句的谐音,称他们两人为大朱(珠)先生、小朱(珠)先生。重庆认识的蔡介如先生也经常来访。后来我进了文史馆,和他同馆,经常相见。爸爸去世开追悼会时,是他代表生前友好致辞的。不过如今也已和爸爸作伴去了。

胡治均先生更是每周必到的座上客。不是周末他也会来,直接到楼上坐。他要学画,但爸爸不赞成他学,他和我一样,是爸爸去世后才正式学画的。爸爸只是教他读古文,以提高他的文字修养。

在日月楼,曾举办三次做寿的庆典。1955年妈妈(徐力民,又名寿珠)六十大寿、1957年爸爸六十大寿和1965年妈妈的亲妹妹我们叫她"联阿娘"的(徐警民,又名联珠)六十大寿。每次做寿都很热闹,家属和亲友都来欢聚一堂,并照例由我摄影留念。

此外,新朋旧友到日月楼来访问的,也络绎不绝。到了周末,爸爸总是在楼下的时间多,省得一次次下楼上楼。

住楼房有住楼房的不方便之处。楼下有什么事,必须跑上跑下。一天要吃三顿饭,还得上楼去通知。有一回,兰州客送来一只精美的摇铃。我们就用这铃来报告吃饭的消息。

"丁零零零!"

"噢,吃饭了!我们下去吧。"

我和爸爸便放下手头的工作,下楼吃饭了。

"我们成了'钟鸣鼎食之家'了!"爸爸高兴地说。

我马上想起了王勃的《滕王阁序》,也觉得挺有意思的。

每年到了除夕,更是热闹非凡。兄姐们都带着孩子来父母家,一起乐到夜半才回去,有的干脆留下来住宿。晚上,家里的电灯全部开亮。

除夕玩儿的花样可多了!吃了年夜饭之后,由我和姐姐们商量,安排种种节目。最初是唱歌。我把要唱的歌抄在大纸上挂起来。我们唱李叔同先生配词的《送别》,唱大家都会唱的20世纪30年代歌曲如《毕业歌》之类,也唱种种革命歌曲。

歌一唱完,人心就齐了,不再分散注意力。接着就做种种游戏如击鼓传花之类。游戏中自然夹着受惩罚的人的种种表演。此外还有猜谜等等。出谜语的大多是宝姐，猜出的人可以领赏。还有一种游戏是"猜句子"。例如"少小离家老大回"，让七个人各记住一个字，然后把本来被关在外面的猜的人叫进来，由他向七个人依次随意提种种问题。例如问："你是几点钟起床的？"那人回答："我从少年时候起就是7点钟起床的。"这句中就嵌进了"少"字，不过很容易暴露。那人有时还没问完七个人就猜出来了。

　　还有一个节目是拿"除夜福物"。这种游戏抗战时期在遵义时，爸爸就教我们做了。日月楼时玩得更痛快，因为人多，而且钱也多了。虽然规定数额，常有人超额。爸爸的那份更是丰盛，有时还买使人意想不到的东西，拆开来一看，大家哈哈大笑。

　　可是，情况渐渐不妙。有一次，里弄的工作人员来关照：为了表示邻里团结，要我们把门口小院子的三边竹篱笆全部拆掉。好端端的竹篱笆为什么要拆呀？我们心里实在想不通。可是那时的人都已被训练得很驯服，谁敢反抗！于是牢牢的篱笆就在我们自己手里变成了一捆捆的小竹条。

　　到1965年的除夕，情况就更令人不解了。正当我们欢欢喜喜、热热闹闹唱歌的时候，后门铃声响了，进来两个警察，说是"来看看"。好煞风景啊！警察走后，我们再也乐不起来了。谁也没料到，接下来就刮起了"史无前例"的一场风暴！

"日月楼"只剩一半了

凡是被斗过的人家,总会受到里弄和房管处的注意。

有许多消息传来,说里弄这家被"扫地出门"了,那家的主人被斗后自杀了,还落了个"畏罪自杀"的罪名,等等。

我们心中惶惶不安,等待着大祸临头。

担心的事很快就发生了。白天有人敲我家的门,还敲得杀气腾腾。我正在楼下客堂里,赶快去开,这种人得罪不得啊。

"快去房管所一趟!"那人好像赶任务似的,说完就走。我们的房管所就在后面长乐路茂名南路口。我对爸妈说了,马上就要动身。

"我们不会被'扫地出门'吧?"爸爸担心起来。

"不会!"我装作很有经验的样子安慰他,"你又不是资本家,不属'地富反坏右'。"

所谓"地富反坏右",是"文革"前就有的名称。那时人们都以为地主、富农和不法资本家、反革命分子、坏分子、右派真的全都是坏人。"文革"后,又加入了什么"叛徒"、"特务"、"走资派"(即"走资本主义道路的当权派")、"臭老九"(指知识分子)等莫名其妙的另外四类。当时我说:

"只有'地富反坏右'才会被扫地出门。我们不会的。爸爸还没有定案呢!"

"嗯……"爸爸将信将疑地应了一声。

"那位负责的苏同志上了点年纪,人很和气。一吟你给他说几句好话,他会……"

"知道,知道!"我没等妈妈把话说完,赶紧出门去了。一路上满肚子心事,筹划着到了那里该如何应对。

到了房管所,人多着呢。主持人不是苏同志。

"坏了,"我这才想起来,苏同志已上了年纪,快退休了,"这下糟了!"

一个很凶的年轻人正在呵斥被叫来的人,责令他如何如何。有的人回答时强词夺理,有的人则苦苦哀求,看来都没有什么好下场。我心里想:太平点算了。强词夺理会使对方反感,苦苦哀求非我辈所愿。抗战时我们什么苦头都吃过了,只要不扫地出门就行。

终于轮到我了。那个年轻人见了我,二话没说,开口就下令:

"你父亲被批斗,大字报都贴到街上来了。你们一家人住那么多房间,快把一楼和三楼统统让出来,还有亭子间。你们一共才三个人,加个保姆也才四个人。二楼还不够住吗?对了,厨房后面的小平房也让出来!"他看见我要说话的样子,赶紧接着说,"怎么?你要是不服气,我们就把你家的沙发都往外扔!"

"没希望了……"我只好乖乖地退出,让后面一个人上来听他训话。

我垂头丧气地走回家来。一进门,爸妈马上问:"怎么样?"我几乎要哭了。得知详情后,妈妈叹一口气说:"光是让楼下倒也罢了。三楼也叫我们让出去,住进来的房客不是要从我们二楼经过吗?还有厕所、浴室,不都要和我们合用吗?"

我默默地望着爸爸,没出声。爸爸慢吞吞地说:

"什么困难都能克服,只要不赶我们出去。住进来的也都是人,只要我们对他们好,人家也会通情达……"

爸爸说到这里,词语含糊了。想必是记起了批斗他的人不属于通情达理的。

我在房管处也没问一楼和三楼该什么时候让出来。这一天,大家都懒洋洋的,没有马上动手处理室内的东西。

第二天,苏同志忽然光临我家。爸爸接待他,我们都在一旁陪着,想听听他带来的是好消息还是坏消息。看他那尊敬我爸爸的样子,不会是坏消息呢。

"昨天他们对你们的房子问题,是过分了一点。没办法,年轻人造反的劲头大,况且他们不知道你是高级知识分子,是知名人士。我和他们谈了一下,让是总归要让的。这样吧,三楼免了,留着你们自己用,方便些。其他还是要让的。不过,老先生,你们慢慢来,不必那么急的。"

我们听到这里,心里落下了一块大石头。三楼不让,太好了!

苏同志临走前又说了些闲话,显然带着对爸爸敬仰而又不敢太显露的语气。

"这是个好人!"爸爸送走他后说。

"我们全亏他!"妈妈感激地说。

接着,我们就考虑如何处理楼下的家什。小间原来只是放一个石磨(我们一直管它叫"磨子间"),把磨子搬出来就行。亭子间是英娥阿姨住的,请她搬上三楼,也比较简单。倒是楼下客厅和吃饭间里,有前房客董太太留给我们的很漂亮的洋式家具,什么沙发呀、吧台呀、大菜台呀,怎么办呢?

房管所的人虽然气势汹汹地勒令我们退了房子,后来倒也不来催我们出空。苏同志显然是知道内情的。我们也就拖着。不过,从那时起,我们生活都已集中在楼上,任楼下空着。

如今根据一些发票,我知道我们开始卖家具的日子是1966年10月29日。这一天,找一家旧家具店上门估价,卖掉了四件家具:一只柚木大菜台连两块柚板,55元;一个柚木长橱,40元;一个玻璃橱,35元;八只椅子,40元。羊肉当狗肉卖了。第二次卖家具是在1967年8月。除了卖去剩下的家具外,沙发也卖掉了。两个月后,最后一件大家伙——惠纳85键钢琴,终于也卖掉了。扣除修理费后净得278.30元。记得卖钢琴时爸爸有点难过。这是他为最疼爱的幼子新枚买下的。如今卖掉了钢琴,再也听不到他弹琴的声音了。

就这样,给我们带来了十多年欢乐的"日月楼",只剩下一半了。

日月楼中的邻居

家里应该是最安全的地方,可以说些私房话。我们家的房子让出了以后,好一阵子没人搬进来。可是有一天,楼下忽然闹哄哄。我走到楼梯口张望一下,乖乖!一群造反派闯进了我家。不过,他们不是冲着我们来的,而且也不算很嚣张。他们进了空荡荡的客厅,喧哗了一阵子,静了下来,好像在听一个人说话。

我们以为他们暂时进来一下就走的,岂知就在这里驻扎下了。不知他们从哪里打听到我们楼下空着,就擅自进来住。后来才知道这是建工队的一支造反派,把我们楼下作为一个据点。

他们中有几个人常要到楼上来上厕所,这对我们是一种威胁。妈妈很担心爸爸的安全。

"一吟,你去说说看,能不能叫他们用楼下的厕所?"

我硬着头皮下楼去。先问清了谁是头头,谈判就开始了。我按事先想好的策略,先表示欢迎他们来我们楼下住,把紧张的气氛缓和下来。然后进入正题。我说,我们一家除了爸爸以外,都是女人,你们上楼来用厕所,多有不便。楼下也有一个厕所。如果你们嫌脏,我们可以打扫干净。对你们来说,也省得爬楼梯了。……如此等等说了一通。那头头还算通情达理,跟我聊起天来,问了一些爸爸的情况。我怀疑他们上楼来用厕所可能是想张望一下,看看名画家丰子恺是怎么个长相。这件事总算太平地过去了。有了他们在楼下,我家还平安些呢。

若干年以后,我在淮海路新华书店买书,有一个人向我打招呼。我这个人,认人的能力极差。我望着他发呆。

"你不认识我了?我是建工队的,'文革'期间到你们楼下住过。"

"啊,想起来了!对不起,我健忘。"

彼此寒暄了一番。造反派里绝大多数人是正常的人,只有极少数是残酷的、狂妄的。

我们二楼有前后两间,前间又自己隔成东西两间,住得还算宽舒。可是有一天,来了两个不速之客——画院的造反派。他们提出要暂借我们二楼后房办公。说是暂借,谁知道住多久。

那时正好新枚和好猫在家。我至今还记得新枚瞪出了两只眼睛,脸涨得通红。我真怕他当场发作。有造反派为贴邻,对爸爸自然是极大的威胁。但我们哪敢不答应。他们看见我们爽脆地答应了，就吩咐我们清理一下后房的细软，给他们留下家具，转身下楼了。

谁知他们还没走下楼梯，新枚就大发雷霆，敲台拍桌。我们要劝住他，已来不及。那两个造反派已闻声回到楼上来。

空气凝住了。一场恶性的战争眼看就要爆发。

"怎么？对我们不满意吗？"

这时我要感谢新枚，他总算抑制住，没吭声。

但更要感谢我那聪明善良而又机灵的弟媳急中生智，马上对他们说：

"跟你们没关系。我们夫妻吵架，你们来以前我们就在吵了。他看见你们一走，就又吵了。没你们的事！对不起！对不起！"

这一席话挽救了爸爸，更挽救了新枚。如果被造反派戳穿了，他们不但要为此批斗爸爸，对新枚也决不会罢休。那个时代，只要一通知新枚单位，新枚的前途就不堪设想！

造反派一听说是夫妻吵架的继续，倒也很像，就下楼离开我们家走了。

好一个聪明的好猫！新枚的命运，就在她说了这几句话后转危为安了！

其实好猫不止一次扭转了新枚的命运。她从天津调到石家庄和新枚团圆后，新枚赶末班车（当时考研的极限年龄正好是40岁）去北京考研究生，也是她出的主意。否则，他们后来可能一直留在石家庄，无由返回江南，新枚更谈不上去香港。

说起去香港，又有好猫的一功。在当研究生的三年里，由于新枚外语好，而且懂好几国语言（英、俄、日、德、法），屡屡被派出国。其中一次竟是派到德国去进修专利。据新枚说，那时专利这一行在国内还是空白，德方提出可派人去进修，我国就派了几个对专利还不熟悉的人去，其中就有新枚。新枚学习一向认真，得了一个文凭回来，但从此就不碰专利了。

新枚夫妇回杭州后，和他一起在德国进修过专利的一个朋友从香港写信来，说我国驻香港的永新专利公司需要人才。那人就推荐高才生丰新枚。

这在当时是一个极好的机会。可是新枚向计算机研究所领导提出要去香港工作，领导一口回绝。新枚是个不会转弯的人，回来对好猫说一声"不成功"就算数了。可好猫不肯罢休，她去新枚单位软磨硬缠，居然被她说成功了。所以我们总说好猫有"帮夫运"。

可是天下的事神秘难测。如果他们走了另一条路，不知后来又是什么结局。

唉！人好像真的是有命运在主宰着。好猫这一生似乎就是为新枚活着的。她患癌后，来上海治疗，我虽然照顾了她两年，总觉得还欠她的情。好猫真是标准的贤妻良母。燃烧了自己，幸福了别人。

……

我们还是回过来谈吧。后来，楼下来了新房客。

我曾保存着一张发票，上面1968年3月13日是我家卖碗橱的日子。凭这张发票，可以断定楼下几家新房客是这日子以前陆续进来的。为什么呢？只因房客中有一个复员军人很厉害，一搬

进来就在厨房里贴上一张标语:"千万不要忘记阶级斗争!"然后指着纱橱对英娥阿姨气势汹汹地说:

"把这搬掉!现在厨房是大家共用的了,不是你们一家的。快搬掉!"

英娥阿姨唯唯诺诺了一下,连忙上楼来找我。她两目睁圆,一脸紧张,好像发生了大事。等到我弄清楚了是怎么一回事后,和爸妈商量了一下,就决定卖掉这口橱。

"那橱里的东西放到哪里去?这么多碗!"英娥阿姨显然舍不得。是啊,她已跟了我们十多年了,而且她的工作主要就是在厨房里。要卖掉这口橱,就像要卖掉她自己的家具一样舍不得。

"现在这房子里住的已不止我们一家,"爸爸晓以大义,"我们的碗橱占地方确实太多了。我们就把它卖掉吧。里面的东西精简一下。抗战时,我们到处流浪,哪有这么大的碗橱,日子不也过了吗?"

"我去旧货商店跑一趟,叫他们来运走。"

英娥阿姨听见我这样说,显然已无可挽回,只好惋惜地不声不响下楼去了。

我们在福州路时,住的房子虽然差,倒是独家独院。这里本来也是独家独院,而且房子好得多。想不到住了十几年,变成了一房四家。我们小心翼翼地对付那个穿军装的人,后来倒也相安无事。其他几家新房客都是很客气的。

爸爸1975年去世后三年我们搬离日月楼。开头几年我有事回旧居去转转时,还能看到墙上乱七八糟写着的"打倒丰子恺"之类的字。后来渐渐看不清了。再后来,院子外面装了些低低的围栏。大门上由卢湾区旅游管理办公室出面钉了一块铁牌子,上面写着"丰子恺曾在此居住"。再后来,卢湾区文化局隆重地在门口举行了一个重新挂牌的仪式(几家房客仍住在里面)。家属们也到场,弟弟还代表家属发了言。日月楼的门口又恢复了光彩。

唉,早知今日,何必当初!

4 杂忆

父亲写生趣闻

父亲平时作画，欢喜从日常生活中去取材，他最重视写生，常说："写生是学习绘画的基本练习。"他随时随地注意观察，不论静物或动物，一看到可以入画的，便立刻从口袋里掏出速写本，把捕捉到的镜头收入本子里去。静物倒还罢了，人物写生却不是件易事，最好不让被写生者知道，知道了就会因拘束而不自然，所以必须眼明手快，如果对方是陌生人，困难就更大了，弄得不好，会引起误会、遭到白眼，甚至闹出笑话来。在20世纪20年代初期的一个清明节，父亲随家人去农村扫墓，看到田野旁的树林里有几个农妇在打扫落叶，各种各样的姿态引起了他的画兴。他立即掏出速写本躲在一棵大树后面画了起来，当他画兴正浓的时候,不料被其中一个妇女发觉了。她立刻提醒同伴。接着一群"娘子军"赶了过来,大兴问罪之师。

"你画我们做什么?"

"准是画了去卖给洋鬼子,叫洋鬼子来捉我们的灵魂。"

"不能让他画进去!"

"快把本子交给我们!"

她们七嘴八舌,越说越有气。其中有几个甚至走过去,伸手要抢本子。面对这种局面,父亲真是狼狈之至,虽然百般解释,也是无济于事。正在不可开交之际,幸亏本村一位老乡亲闻声赶来,问明原委,再三代为解释,劝解了半天,她们总算息怒散去。父亲这才放了心,谢过了那位为他解围的好心长者,急忙从口袋中掏出那本心爱的速写本,看画稿是否还在,幸好,八张描绘农村妇女劳动姿态的速写都还完好无损。虽说受了一场虚惊,收获倒还不小。

还有一次,父亲在西湖边平湖秋月品茶,见邻座一对情侣倚栏谈事,情态极为生动,不由得摸出小本子偷偷地写生起来。不料却被对方发觉,两人互相使了个眼色,立即站起来向父亲白了几眼离去了。

另一次,父亲在候车室看到一个小贩拎着一篮花生米走来,发现那小贩的形象很入画,就一边对他观察,一边伸手去袋里掏小本子。那小贩见父亲盯着他摸口袋,连忙走到跟前问:"花生米要买几包?"父亲愣了一下,无奈只好将错就错,买了两包花生米。

诸如此类的小风波,在父亲的艺术生涯中经常发生。然而父亲毫不在乎,总是随身带着小本子与铅笔,一有机会就拿出来写生,此习惯一直保持到晚年。甚至在"十年浩劫"中,仍坚持不懈。父亲的漫画往往寥寥数笔,就能栩栩如生地勾画出人物神态,这是他成年累月苦练的结果。

火红色派克笔

贾宝玉周岁时,贾政叫家人把各种东西摆满一桌,让宝玉去抓。宝玉伸手只抓脂粉与珠翠。贾政看了就不高兴,说宝玉将来不过是个酒色之徒,从此便不喜欢他。

我乡亦有此风,俗称"拿周"。我小时候常听祖母讲我父亲丰子恺"拿周"的事。祖母说:"你父亲拿周时,家人把各种花花绿绿的玩物和文房四宝放在一个竹匾里,我抱着他去抓。你父亲小手单拿起一支笔来!人群立刻发出哄笑声。"有的说:"这孩子将来一定喜欢写字读书,很有出息!"也有人说:"他大起来一定会中举做官。"

父亲长大时,科举早已废除。但他果然与笔有缘。

我小时候常见父亲在书房里手握一支火红色的派克钢笔,整天埋头写作、画图,直到傍晚才放下,走出来和家人欢聚。父亲常说,我每天不停地写文章、作画,靠的就是这支火红色的派克钢笔,也不知写出了多少文章,创作了多少漫画,费了多少心血!

抗战前夕,父亲特将那支火红色的派克钢笔给了我,同时语重心长地对我说:"缘缘堂是全靠了这支派克钢笔写出来的啊!"我欣喜激动地把它接过来,放在一只长形的铅笔盒里,收藏在小皮箱中，作为永久的纪念。

"文革"中，只见造反派进进出出，随心所欲地搜取东西。父亲给我的那支火红色的派克钢笔就莫名其妙地失踪了。我为此伤心了好几个月，内心十分苦痛。不知父亲给我的那支宝贵而有纪念意义的火红色派克钢笔落于何人之手，现在是否还在人间。

旧事凄凉不可闻

幼时失怙，少时失弟，永生难忘，孤灯下述往事，不堪回首在梦中。

在"昏昏灯火"下，父亲也曾怀着沉痛的心情给我们讲一些伤心的往事。他告诉我们，祖母共生了十个子女。由于家境贫寒，只得把两个女儿自幼就送给人家抚养，还有三个夭折了。父亲的五姐，是个性格倔强、容貌秀丽的姑娘，她酷爱读书，然而当时颂扬"女子无才便是德"，她受不了"行不动裙，笑不露齿"等一套封建礼数的约束，终日郁悒寡欢，正当豆蔻年华，竟吞服鸦片自尽了。当时父亲还在襁褓之中，这是他长大后听大人们讲的。独有"慧弟之死"，是他亲眼所见，而且终生难忘的。

父亲有两个弟弟，小弟弟幼年夭折，大弟弟叫"慧弟"，是父亲唯一的弟弟。"慧弟"自幼聪明过人，长相又十分俊秀，祖父母都异常珍爱，因此给他取名慧珠。不幸的是他在中学时代染了肺病，不得不辍学在家。但他不肯休养，仍然刻苦用功，吐了血，怕亲人看到难过，总是赶忙擦掉，继续用功。但是病魔终于夺去了他的生命，那年他才17岁。

父亲曾不止一次难过地追述"慧弟"垂危的情景:

"……他伸出枯瘦的手来抓我的袖子,用嘶哑的声音断断续续地反复说着一句话:'我还要……读书,我要……活下去啊!'"

父亲哽住了,我们凝神屏息地倾听着。略停片刻,父亲又继续讲下去:

"他还以为我这个当哥哥的总会弄到良药来救活他的,然而那年月肺病是不治之症,我只能含泪用空话来宽慰他,最后眼睁睁地看他死去。……他微弱的声音渐渐听不清了,只见两行泪水从他眼角缓缓流下,但双眼迟迟不肯闭上,他的手还紧紧抓住我的衣袖呢。"

这时,座间早已一片啜泣声了。

最后,父亲叹息道:"他那弥留之际的眼神似乎是在向这无情的人世间控诉,流露出无穷的怨恨与绝望。他临终时的呼声将永远回荡在我耳畔。这件惨痛的往事就像烙印一般刻在我的心上了,即使到我自己生命的终点,也一定会清楚记得的。"

确实,"慧弟之死",在父亲生命史中是最难忘怀的事情之一,父亲曾把此事郑重其事地载在他自己的《生平大事记》中。 姑母还曾告诉我们,在"慧弟"去世后,父亲由于过度悲痛,竟至成疾,很久才恢复健康。这以后,父亲还曾写了一篇祭文《慧弟之死》,以寄托他无限的哀思(姑母每次读这祭文时总因心如刀割而不忍卒读)。父亲一直把这篇催人泪下的悼文放在一口由祖母遗留下来的旧皮箱底上。这只旧皮箱是父亲专用来珍藏一些旧照片、有纪念意义的诗文和物品的。箱子终年锁着,束之高阁,后来在抗战的炮火中与缘缘堂同归于尽了。

二

知交零落别梦长

回忆背后的时代与人

1 白马湖畔的"清和"旧友

—— 朱光潜的回忆

丰子恺的人品与画品[1]

朱光潜

在当代画家中，我认识丰子恺先生最早，也最清楚。说起来已是二十年前的事了。那时候他和我都在上虞白马湖春晖中学教书。他在湖边盖了一座极简单而亦极整洁的平屋。同事夏丏尊、朱佩弦[2]、刘薰宇诸人和我都和子恺是吃酒谈天的朋友，常在一块聚会。我们吃饭和吃茶，慢斟细酌，不慌不闹，各人到量尽为止，

---

[1] 原载《中学生》复刊后第66期，1943年8月出版。
[2] 佩弦者，朱自清也。

止则谈的谈，笑的笑，静听的静听。酒后见真情，诸人各有胜慨，我最喜欢子恺那一副面红耳热、雍容恬静、一团和气的风度。后来，我们离开白马湖，在上海同办立达学园。大家挤住在一条僻窄而又不大干净的小巷里。学校初办，我们奔走筹备，都显得很忙碌，子恺仍是那副雍容恬静的样子，而事情都不比旁人做得少。虽然由山林搬到城市，生活比较紧张而窘迫，我们还保持着嚼豆腐干花生米吃酒的习惯。我们大半都爱好文艺，可是很少拿它来在嘴上谈。酒后有时子恺高兴起来了，就拈一张纸作几笔漫画，画后自己木刻，画和刻都在片时中完成，我们传看，心中各自喜欢，也不多加评语。有时我们中间有人写成一篇文章，也是如此。这样我们在友谊中领取乐趣，在文艺中领取乐趣。

当时的朋友中浙江人居多，那一批浙江朋友都有股倩气，即日常生活也别有一般趣味，却不像普通文人风雅相高。子恺于"清"字之外又加上一个"和"字。他的儿女环坐一室，时有憨态，他见着欣然微笑；他自己画成一幅画，刻成一块木刻，拿着看着，欣然微笑；在人生世相中他偶尔遇见一件有趣的事，也还是欣然微笑。他老是那样浑然本色，无忧无嗔，无世故气，亦无矜持气。黄山谷尝称周茂叔"胸中洒落如光风霁月"，我的朋友中只有子恺庶几有这种气象。

当时一般朋友中有一个不常现身而人人都感到他的影响的——弘一法师。他是子恺的先生。在许多地方，子恺得益于这位老师的都很大。他的音乐、图画、文学、书法的趣味，他的品格风采，都颇近于弘一。在我初认识他时，他就已随弘一信持佛法。不过他始终没有出家，他不忍离开他的家庭。他通常吃素，不过做客时怕给人家麻烦,也随人吃肉边菜。他的言动举止都自然圆融,毫无拘束勉强。我认为他是一个真正了解佛家精神的。他的性情向来深挚,待人无论尊卑大小,一律蔼然可亲,也偶露侠义风味。弘一法师近来圆寂,他不远千里,亲自到嘉定①来,请马蠲叟先生替他老师作传。即此一端,可以见他对于师友情谊的深厚。

我对于子恺的人品说这么多的话,因为要了解他的画品,必先了解他的人品。一个人须先是一个艺术家,才能创造真正的艺术。子恺从顶至踵是一个艺术家,他的胸襟、他的言动笑貌,全都是艺术的。他的作品有一点与时下一般画家不同的,就在它有至性深情的流露。子恺本来习过西画,在中国他最早作木刻,这两点对于他的作风都有显著的影响。但是这只是浮面的形相,他的基本精神还是中国的,或者说,东方的。我知道他尝玩味前人诗词,但是我不尝看见他临摹中国旧画。他的底本大半是实际人生一片段,他看得准,察觉其中情趣,立时铺纸挥毫,一挥而就。他的题材变化极多,可是每一幅都有一点令人永久不忘的东西。我二十年前看见过他的一些画稿——例如《指冷玉笙寒》《月上柳梢头》《花生米不足》《病车》之类,到如今脑里还有很清晰的印象,而我素来是一个健忘的人。他的画里有诗意,有谐趣,有悲天悯人的意味;它有时使你悠然物外,有时使你置身市尘,也有时使你啼笑皆非,肃然起敬。他的人物装饰都是现代的,没

---

① 即今四川省乐山市,1939 年马一浮(号蠲叟)在此创建复性书院。——编者

有模拟古画仅得其形似的呆板气；可是他的境界与粗劣的现实始终维持着适当的距离。他的画极家常，造境着笔都不求奇特古怪，却于平实中寓深永之致。他的画就像他的人。

书画在中国本有同源之说。子恺在书法上曾经下过很久的工夫。他近来告诉我，他在习章草，每遇在画方面长进停滞时，他便写字，写了一些时候之后，再丢开来作画，发现画就有长进。讲书法的人都知道笔力须经过一番艰苦的训练才能沉着稳重，墨才能入纸，字挂起来看时才显得生动而坚实，虽像是龙飞凤舞，却仍能站得稳。画也是如此。时下一般画家的毛病就在墨不入纸，画挂起来看时，好像是飘浮在纸上，没有生根；他们自以为超逸空灵，其实是书家所谓"败笔"，像患虚症的人的浮脉，是生命力微弱的征候。我们常感觉近代画的意味太薄，这也是一个原因。子恺的画却没有这种毛病。他用笔尽管疾如飘风，而笔笔稳重沉着，像箭头钉入坚石似的。在这方面，我想他得力于他的性格、他的木刻训练和他在书法上所下的功夫。

背后的故事

正如朱光潜先生在文章中回忆的，在当代画家中，他认识丰子恺先生最早，也最清楚，可以追溯到他们在上虞白马湖春晖中学教书的时候。其实，他们之前在上海的中国中学时就已共事。

丰先生1919年在浙一师念书尚未毕业时，于"花朝"日

（农历二月十二日）奉母命回乡与崇德县城的望族徐芮荪家的长女徐力民结婚。1919年从浙一师毕业后，起初到吴梦非、刘质平两位高班同学创办的上海专科师范学校任教美术，同时在东亚体育学校兼职。因为不满足于自己已有的知识，依靠亲友的馈赠和借贷，于1921年早春去日本游学了十个月，把自己的头脑像装罐头食物那样装满了种种知识，并学了种种外语。两千块钱用完了，只得回来。他去日本前，1920年已有大女儿丰陈宝、二女儿丰林先。所以回国后，负担已加重。虽仍然在上海专科师范任教，但同时又在上海郊区吴淞中国公学兼课，同事中就有朱光潜先生。

1922年秋至1925年初，丰先生应夏丏尊先生之邀，在经子渊先生当校长的浙江上虞白马湖的春晖中学任教，住在自建的"小杨柳屋"里。他成为漫画家，就是从这里开始的。丰先生在日本买到了竹久梦二的画册，对他的画风很感兴趣。加上受陈师曾等画家的影响，逐渐形成了自己的画风。

他在春晖中学认识了不少同事和外来演讲、考察的人，除了中国公学的老友匡互生、朱光潜、朱自清先生外，还有刘薰宇、刘叔琴、王任叔（巴人）、张同光、何香凝、蔡元培、黄炎培、张闻天、胡愈之、郭沫若、叶圣陶、陈望道、刘大白、杨元华、俞平伯、吴觉农、蒋梦麟、于右任、吴稚晖等诸先生。其中有不少人后来成了至交。1924年在小杨柳屋有了大儿子丰华瞻。

1924—1925年的冬天，丰先生、朱光潜先生和以匡互生先生为首的春晖不少教师，因不满意后来校方的教育主张，陆续离开春晖,到上海创办了自己理想中的立达中学。丰先生以七百余元卖去了白马湖畔自建的小杨柳屋,以充实办校经费。据他回忆,那时他白天仍在上海南端的小西门黄家阙路上海专科师范工作,晚上赶到北端的虹口租屋里和大家一起做立达中学的筹备工作,深夜再赶回专科师范去住宿。立达中学筹备完成时,专科师范已搬迁,就利用了专科师范的原校址开学。1925年夏,立达在上海北郊江湾自建校舍,改名为立达学园。

此后,因时代之因缘际会,丰先生和朱先生如参商相隔,再次见面已是抗战时期。1943—1945这三年内,丰先生游了重庆以西、以东、以北的十来个城市,并举办了个人画展。1943年2—4月,他带了"保护老师生命"的连新去泸州、自贡、五通桥、乐山。去乐山的目的,就是为了访问他所崇敬的马一浮先生,希望他能为弘一法师写传记。在乐山期间也访问了朱光潜先生。清明(4月6日)那天晚上,朱先生陪丰先生到在武汉大学任文学院院长(朱光潜先生任教务长)的陈源先生家里,为他的女儿小滢在小册子上画了一幅《努力惜春华》。经过五通桥时,丰先生画下了《长桥卧波》一画,并写了《为青年说弘一法师》一文。朱先生在文章中也对此十分感慨:"弘一法师近来圆寂,他不远千里,亲自到嘉定来,请马蠲叟先生替他老师作传。即此一端,可以见他对于师友情谊的深厚。"

丰子恺先生是杭州的浙江省立第一师范学校1919年的毕业生。他在那学校里受到李叔同(1918年出家为僧,即弘一法师)和夏丏尊两位老师的教育,提高了自己的美术、音乐和文学的修养,也向两位老师学会了日文。弘一法师不仅是丰先生绘画、音乐方面的引路人,更是其精神导师,他的人格魅力也深深影响了丰先生的人品。

1929年10月,弘一法师在浙江上虞白马湖与朋友学生共度五十寿辰。弟子刘质平代为整理卧室,发现法师的蚊帐破洞多达二百余处,有的破洞用布补上,有的用纸糊。刘质平当即要求另买新帐换下,但法师坚决不允,一直到去闽南弘法后,破得不能再补,这才让刘质平另买一顶纱帐。

夏丏尊先生在他的《生活的艺术》一文里写道:法师的"行李很是简单,铺盖竟是用破席子包的。到了白马湖,在春社里替他打扫了房间,他就自己打开铺盖,先把那破席子珍重地铺在床上,摊开了被,把衣服卷了几件作枕。再拿出

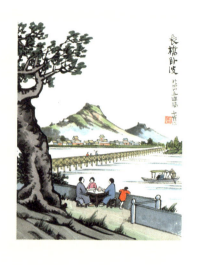

丰子恺致弘一法师(1930年12月24日)

黑而且破得不堪的毛巾走到湖边洗面去。'这手巾太破了,替你换一条好吗?'我忍不住了。'哪里!还好用的,和新的也差不多。'他把那破手巾珍重地张开来给我看,表示还不十分破旧"。

吃饭也是这样。夏丏尊写道:"碗里所有的原只是些萝卜白菜之类,可是在他却几乎是要变色而作的盛馔,喜悦地把饭划入口里,郑重地用筷子夹起一块萝卜来的那种了不得的神情,我见了几乎要流下欢喜惭愧之泪了!"

弘一大师这种惜衣惜食的习性传给了丰子恺,也成了丰家的一个传统。丰子恺尤其爱惜纸张,他会把丢弃在纸篓的废纸装订成漂亮的小本子给孩子们用,上面写上"备忘录",还画着一些牵牛花,让儿女自己省悟敬惜字纸的道理。丰子恺自己画画的草稿纸更不直接丢弃,而是裁成小纸片,用铁夹子夹起来,挂在书桌

咬得菜根百事成

边上,就当作餐巾纸用,孙辈们亲切地称这种纸为"外公纸"。敬惜字纸的美德就这样一代又一代传了下去。

弘一大师和丰子恺家的家训,就像春风雨露润物般细无声。弘一大师家的对联"惜衣惜食非为惜财缘惜福,求名求利但须求己胜求人",已成为丰家后辈处世为人之道。此外,崔子玉的一首《座右铭》,也可以说是丰家的座右铭:

> 无道人之短,无说己之长。
> 施人慎勿念,受施慎勿忘。
> 世誉不足慕,唯仁为纪纲。
> 隐心而后动,谤议庸何伤?
> 无使名过实,守愚圣所臧。
> 在涅贵不缁,暧暧内含光。
> 柔弱生之徒,老氏诫刚强。
> 行行鄙夫志,悠悠故难量。
> 慎言节饮食,知足胜不祥。
> 行之苟有恒,久久自芬芳。

2 "说不出"的君子之交

——巴金的回忆

怀念丰先生

巴金

丰一吟同志来信要我谈一点我和她父亲交往的情况。我近来经常感冒,多动一动就感到疲劳,但生活还是忙乱,很少有冷静思考的时间。在我居住的这个城市里噪音很多,要使脑子安静下来,实在不容易,思想刚刚进入"过去",马上就有古怪的声音把它们拉回来。过去、现在和将来常常混在一起,要认真地回忆、思考,不知道从哪里做起。

得到一吟同志的信以后,我匆匆想过几次,我发现我和她父亲之间并没有私人的交往。我觉得奇怪。按情理我们应当成为往来密切的朋友。第一，子恺先生和我都是在开明书店出书较多的作者；第二，三四十年代中我的一些朋友常常用亲切、友好的语言谈起子恺先生，他们中间有的人同他一起创办了立达学园，有的人是这个学校的学生；第三，我认为他是人道主义者，而我的思想中也有人道主义的成分；第四，不列举了。……想来想去，唯一的原因大概是我生性孤僻，不爱讲话，不善于交际，不愿意会见生人，什么事都放在心里，藏在心底，心中盛不下，就求助于纸笔。我难得参加当时的文艺活动，也极少在公开的场合露面。早在三十年代我就有这样的想法：作家的名字不能离开自己的作品。今天我还坚持这个主张。作家永远不能离开读者，永远不能离开人民。作为读者，我不会忘记子恺先生。

我现在完全说不出什么时候第一次看见丰先生（我后来就习惯这样地称呼子恺先生），也许不清楚当初见面的情景，可是我还记得在南京念书的时候，是在一九二四年吧，我就喜欢他那些漫画。看他描写的古诗词的意境，看他描绘的儿童的心灵和幻梦，对我是一种愉快的享受。以后一直是这样。

一九二八年底从法国回来我和索非住在一起，他在开明书店工作，我的第一部小说《灭亡》要在开明书店出版。索非常常谈起丰先生，也不止一次地称赞他"善良、纯朴"。他又是一个辛勤的劳动者，我看到他的一本接一本的译著和画集。他介绍了西方艺术的基本知识，他讲述西方音乐家的故事，他解释西方绘画发展的历史；他鼓吹爱护生物，他探索儿童的精神世界。……我没有见过他，但我的脑子里有一个"丰先生"的形象：一个与世无争、无所不爱的人，一颗纯洁无垢的孩子的心。我并不完全赞成他的主张，但是我敬重他的为人。我不仅喜欢他的漫画，我也爱他的字，一九三〇年我翻译的克鲁泡特金的《自传》脱稿，曾托索非转请丰先生为这书写了封面题字，不用多说我得到他的手迹时的喜悦。这部印数很少的初版本《我底自传》就是唯一把我和那位善良、纯朴的艺术家连在一起的珍贵的纪念品了。

在抗战前我从索非那里经常知道丰先生的工作情况和生活细节。后来我读到他自己的文章亲切地描述他在家乡安静的写作生活，然后是战火爆发、侵略军逼近家乡，他同家人仓皇逃难。从此他从浙江去江西、湖南、广西，再去四川。这期间我也到过不少的地方。我说不出什么原因，我同他不曾有过任何的联系，可是他的脚迹始终未从我的眼前消失。他在各地发表的散文，能找到的我全读了。阅读时我就像见到老朋友一样，感到亲切的喜悦。他写得十分朴素、非常真诚，他的悲欢、他的幸和不幸紧紧地抓住我的心。

抗战期间我在重庆开明书店遇见过他，谈过几句话，事后才想起这是丰先生。另一次我和一个朋友到他在沙坪坝的新居去看望他。记不起我们谈了些什么，时间并不长，但是我保留着很好的印象，他仍然是那样一个人：善良纯朴的心，简单朴素的生活，他始终愉快地、勤奋地从事他的工作。一九四二年七月我还在成都祠堂街开明书店买了一幅他亲笔画的漫画，送给我一个堂兄弟，为了激发他（堂兄弟）的高尚的情操。

上海解放后，我几次见到丰先生和一吟同志，听说他要翻译日本著名的《源氏物语》，他开始自学俄文，并表示要学好俄文才去北京。我相信他有毅力做好这两件事。果然他在一九五九年

去北京出席了全国政协的会议,他从俄语翻译的文学作品也陆续出版。(在"四人帮"下台之前,我就听一位老友讲他正在阅读丰先生翻译的《源氏物语》全部手稿。)他一直不知疲倦地在工作。我们有时一起参加学习,他发言不多。

今天我还隐约记得的只是他在一九六二年上海第二次文代会上简短的讲话,他拥护"百花齐放,百家争鸣"的文艺方针,他反对用大剪刀剪冬青树强求一律的办法,他要求让小花、无名的花也好好开放。三个月后他又发表了散文《阿咪》。这位被称为"辛勤的播种者"的老艺术家不过温和地讲了几句心里话,他只是谈谈生活的乐趣,讲讲工作的方法。他做梦也没有想到要"反"什么,要向什么"进攻"。但是不多久台风刮了起来,他的讲话、他的漫画(《阿咪》的插图——"猫伯伯坐在贵客的后颈上")一下子就变成了"反社会主义"的毒草。我也背上了一个沉重的包袱,上海第二次文代会上我第一个发言,大谈《作家的勇气和责任心》,我带头"发扬民主",根据过去的经验我当时也有点担心,但料不到风向变得这样快。一方面我暗中抱怨自己不够沉着,信口讲话,我的脑子也跟着风在转向;另一方面我对所谓"引蛇出洞"的说法想不通,有意见。听见人批评《阿咪》,我起初还不以为然,但是听的次数多了,我也逐渐接受别人的想法,怀疑作者对新社会抱有反感。纵然我不曾写批评文章,也没有公开表态,但是回想起这一段时期自己思想的变化,我不能不因为没有尽到"作家的责任心"而感到内疚:在私下议论时我不曾替《阿咪》讲过一句公道话。其实我也不能苛求自己,我就从未替我那篇发言讲过一句公道话。

那个时候好像有一种强大的压力把我仅有的一点独立思考也摧毁了。

于是"文革"开始了。我参加亚非作家北京紧急会议后回到上海,送走外宾之前我到作家协会分会开会,大厅里就挂着批判我那篇讲话的"兴无灭资"的大字报。那天受批判的是一位不久就被迫跳楼的文学评论家,我被邀请坐在"上座",抬起眼便看见对面一张揭露我的"罪行"的大字报。我知道,我送走客人后,大祸就临头了。我还装出若无其事的样子,其实心里很害怕。我盼望着出现一个奇迹:我得到拯救,我一家人都得到拯救。自己也知道这是妄想。我开始承认自己"有罪",开始用大字报上的语言代替自己的思考。朋友们同我划清了界限,其实大多数的熟人都比我早进"牛棚",用不着我同他们划清界限了。丰先生便是其中之一,我不曾到过他的家,但我知道他住在陕西南路一所西班牙式的小洋房里,我去作协分会开会、学习、上班的时候,要经过他的弄堂口,我向人打听,他早在六月就被定为"反动学术权威"受到批判和折磨了。

我还记得有一天到"牛棚"去上班,在淮海中路陕西路口下车,看见商店旁边墙上贴着批判丰子恺大会的海报,陕西路上也有。看到海报,我有点紧张,心想是不是我的轮值也快到了?……批斗以后我走过陕西路搭电车回家,望见那些西班牙式洋房,我就想起丰先生,心里很不好过:我都受不了,他那样一个纯朴、善良的人怎么办呢?!一天我看见了他。他不挂手杖,腋下挟了一把伞,急急地在我前面走,胡子也没有了,不像我在市政协学习时看见他的那个样子。匆匆的一面,他似乎不曾看见我,我觉得他倒显得年轻些了。看见多一个好人活下来，我很高兴。我以为他可以闯过眼前的这一关了。

但是事情不会这么简单。不知道从什么地方又刮来一阵狂风，所谓"批黑画"的运动开始了。当时的"上海市委书记"徐景贤挥舞大棒做报告随意点名，为人民做过不少好事的艺术家又无缘无故地给揪出来作靶子，连《满山红叶女郎樵》的旧作也被说成"反对三面红旗"的毒草。《船里看春景》中的水里桃花倒影也给当作"攻击人民公社"的罪证。无情的批斗已经不能说服人了，它只有使我看出谁有权有势谁就有理。从那个时候起我开始懂得人们谈论的社会效果是怎么一回事情。我逐渐明白：像棍子一样厉害的批评常常否定了批评本身。棍子下得越多越是暴露了自己。最初我真的相信批斗我是为了挽救我。但是经受了长期批斗之后，我才明白那些以批斗别人为乐的人是踏着别人的尸首青云直上的。眼睛逐渐睁大，背上的包袱也就逐渐减轻。我不再惶恐，不再害怕，不再有有罪的感觉。

我不再替丰先生担心了。人民喜爱的优秀艺术家的形象是损害不了的。我不再相信"四人帮"能长期横行了，但是我没有想到他们会垮得这样快，更没有想到丰先生会看不到他们的灭亡。在现今的世界上画家多长寿，倘使没有那些人的批斗、侮辱和折磨，丰先生一定会活到今天。但是听说他一九七五年病死在一家医院的急诊间观察室里。在上海为他开过两次追悼会，我都没有参加：第一次在一九七五年九月，我还不曾得到解放，他也含着冤屈；第二次在一九七八年六月，我在北京开会，他终于得到了平反昭雪。没有在他的灵前献一束鲜花，我始终感

到遗憾。优秀的艺术家永远让人怀念。但是我不能不想：与其在死后怀念他，不如在生前爱护他。让我们牢牢地记住这个惨痛的教训吧。

以上是我一九八一年五月三十一日所写。华夏出版社要出一本大型诗文书画册《丰子恺遗作》，主编夏宗禹同志约我写一篇文章，对丰先生，我是不会忘记的。但我现在的健康和心绪，实在再写不出什么了，只好将七年前写的这篇做点删节交卷。今年适逢子恺先生诞生九十周年，我借此谨表示怀念之忱。

一九八八年七月二日

背后的故事

丰子恺与巴金的交往始于20世纪的20年代。

那时候，丰先生开始一本接一本地出版译著和画集等，巴金也开始发表他的作品。巴金有的作品还是丰先生设计的封面，如1931年4月出版的翻译作品《草原故事》(高尔基著)。巴金对丰先生的书法也很推崇。在1930年4月，上海开明书店出版了巴金翻译的俄国地理学家、无政府主义运动

《草原故事》巴金译

的最高精神领袖和理论家克鲁泡特金最主要的著作《我底自传》。这本书原名《一个革命者的回忆录》,封面是丰先生的书法题字。

日本入侵中国以后,巴金自1940年7月始辗转于昆明、重庆、成都、桂林、贵阳等地,从事抗日文化宣传等活动,而丰子恺在"宁做流浪者,不当亡国奴"的思想引领下,与家人逃往内地,担任教师并从事他的创作。1945年夏,重庆开明书店开会商量图书出版设计,巴金和丰子恺都参加了。

剪冬青联想

中华人民共和国成立以后,作为上海美术家协会主席的丰子恺与作为上海作家协会主席巴金,交往日渐增多,再加上全国政治协商会议和上海文联的一些活动,两人应该是经常见面的。巴金回忆起,在1962年上海第二次文代会上,丰子恺做了简短的讲话,他拥护"百花齐放,百家争鸣"的文艺方针,提出反对像用大剪刀剪冬青树那样强

阿咪

求一律的做法。他认为小花、无名的花也可以好好开放。三个月后丰子恺发表散文《阿咪》,受到了批判。一些别有用心的人认为丰子恺文中的小白猫"阿咪"和黄猫"猫伯伯",是影射,是攻击。

在暴风骤雨平息后的 1981 年,丰一吟女士写信给巴金,请他写一篇关于丰先生的文章。巴金回信说:"我最近身体不好,写字吃力,明天去杭州短期休息。您要我写一篇谈您父亲的短文,我打算在香港《大公报》上的连载《随想录》上发表一篇《谈子恺先生》。我同子恺先生没有个人的交往,但是我尊敬他,作为一位正直、善良的艺术家。我的短文两个月内总可以写成发表,以后会把剪报寄给您。"

中国的两位文豪大家,没有个人的交往,却充满同情、尊敬与关怀。巴金就连给丰子恺的女

巴金致丰一吟

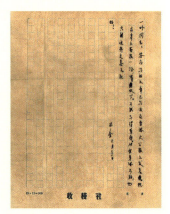

巴金致丰一吟

儿丰一吟写信,也是以"您"称呼,大概这就是淡如水的君子之交吧。

巴金的回忆文章开头就述说了他与丰先生的这种君子之交。其实,丰子恺何尝不是这样?就像作家郑振铎先生说的那样:"态度很谦恭,却不会说什么客套话,常常讷讷的,言若不能出诸口。我问他一句,他才质朴地答一句。"而作家、语言学家方光焘描述得更加惟妙惟肖:"子恺,我每见你的时节,觉得你总有一种'说不出'(never speak out)的神情。悲哀愤怒时,你不过皱一皱眉头;快乐欢愉时,也不过开一开唇齿。你终于是'说不出''不说出'的罢!……子恺!在这充满了所谓'画家''艺术家''艺术的叛徒'的中国,你何必把那吃饭的钱省节下来,去调丹青,买画布,和他们去争一日之长呢!你只要在那'说不出'的当儿,展开桌上的废纸,握着手中的秃笔,去画罢!画出你那'说不出'的热情与哀乐……"

两位大家,一位是藏在心底,直到藏不下满溢出来,只好借助于纸笔来倾述;另一位是说不出而只能不说出,最后用画笔来描绘!

附：

阿咪①

　　阿咪者，小白猫也。十五年前我曾为大白猫"白象"写文。白象死后又曾养一黄猫，并未为它写文。最近来了这阿咪，似觉非写不可了。盖在黄猫时代我早有所感，想再度替猫写照。但念此种文章，无益于世道人心，不写也罢。黄猫短命而死之后，写文之念遂消。直至最近，友人送了我这阿咪，此念复萌，不可遏止。率尔命笔，也顾不得世道人心了。

　　阿咪之父是中国猫，之母是外国猫。故阿咪毛甚长，有似兔子。想是秉承母教之故，态度异常活泼，除睡觉外，竟无片刻静止。地上倘有一物，便是它的游戏伴侣，百玩不厌。人倘理睬它一下，它就用姿态动作代替言语，和你大打交道。此时你即使有要事在身，也只得暂时撇开，与它应酬一下；即使有懊恼在心，也自会忘怀一切，笑逐颜开。哭的孩子看见了阿咪，会破涕为笑呢。

　　我家平日只有四个大人和半个小孩。半个小孩者，便是我女儿的干女儿，住在隔壁，每星期三天宿在家里，四天宿在这里，但白天总是上学。因此，我家白昼往往岑寂，写作的埋头写作，做家务的专心家务，肃静无声，有时竟像修道院。自从来了阿咪，家中忽然热闹了。厨房里常有保姆的话声或骂声，其对象便是

---

① 本篇曾载1962年8月《上海文学》第35期。——编者

阿咪。室中常有陌生的笑谈声,是送信人或邮递员在欣赏阿咪。来客之中,送信人及邮递员最是枯燥,往往交了信件就走,绝少开口谈话。自从家里有了阿咪,这些客人亲昵得多了。常常因猫而问长问短,有说有笑,送出了信件还是流连不忍遽去。

访客之中,有的也很枯燥无味。他们是为公事或私事或礼貌而来的,谈话有的规矩严肃,有的啰唆疙瘩,有的虚空无聊,谈完了天气之后只得默守冷场。然而自从来了阿咪,我们的谈话有了插曲,有了调节,主客都舒畅了。有一个为正经而来的客人,正在侃侃而谈之时,看见阿咪姗姗而来,注意力便被吸引,不能再谈下去,甚至我问他也不回答了。又有一个客人向我叙述一件颇伤脑筋之事,谈话冗长曲折,连听者也很吃力。谈至中途,阿咪蹦跳而来,无端地仰卧在我面前了。这客人正在愤慨之际,忽然转怒为喜,停止发言,赞道:"这猫很有趣!"便欣赏它,抚弄它,获得了片时的休息与调节。有一个客人带了个孩子来。我们谈话,孩子不感兴味,在旁枯坐。我家此时没有小主人可陪小客人,我正抱歉,忽然阿咪从沙发下钻出,抱住了我的脚。于是大小客人共同欣赏阿咪,三人就团结一气了。后来我应酬大客人,阿咪替我招待小客人,我这主人就放心了。原来小朋友最爱猫,和它厮伴半天,也不厌倦;甚至被它抓出了血也情愿。因为他们有一共通性:活泼好动。女孩子更喜欢猫,逗它玩它,抱它喂它,劳而不怨。因为她们也有个共通性:娇痴亲昵。

写到这里,我回想起已故的黄猫来了。这猫名叫"猫伯伯"。

在我们故乡,伯伯不一定是尊称。我们称鬼为"鬼伯伯",称贼为"贼伯伯"。故猫也不妨称为"猫伯伯"。大约对于特殊而引人注目的人物,都可讥讽地称之为伯伯。这猫的确是特殊而引人注目的。我的女儿最喜欢它。有时她正在写稿,忽然猫伯伯跳上书桌来,面对着她,端端正正地坐在稿纸上了。她不忍驱逐,就放下了笔,和它玩耍一会。有时它竟盘拢身体,就在稿纸上睡觉了,身体仿佛一堆牛粪,正好装满了一张稿纸。有一天,来了一位难得光临的贵客。我正襟危坐,专心应对。"久仰久仰","岂敢岂敢",有似演剧。忽然猫伯伯跳上矮桌来,嗅嗅贵客的衣袖。我觉得太唐突,想赶走它。贵客却抚它的背,极口称赞:"这猫真好!"话头转向了猫,紧张的演剧就变成了和乐的闲谈。后来我把猫伯伯抱开,放在地上,希望它去了,好让我们演完这一幕。岂知过得不久,忽然猫伯伯跳到沙发背后,迅速地爬上贵客的背脊,端端正正地坐在他的后颈上了!这贵客身体魁梧奇伟,背脊颇有些驼,坐着喝茶时,猫伯伯看来是个小山坡,爬上去很不吃力。此时我但见贵客的天官赐福的面孔上方,露出一个威风凛凛的猫头,画出来真好看呢!我以主人口气呵斥猫伯伯的无礼,一面起身捉猫。但贵客摇手阻止,把头低下,使山坡平坦些,让猫伯伯坐得舒服。如此甚好,我又何必做煞风景的主人呢?于是主客关系亲密起来,交情深入了一步。

可知猫是男女老幼一切人民大家喜爱的动物。猫的可爱,可说是群众意见。而实际上,如上所述,猫的确能化岑寂为热闹,变枯燥为生趣，转懊恼为欢笑；能助人亲善，教人团结。即使不捕老鼠，也有功于人生。那么我今为猫写照，恐是未可厚非之事吧？猫伯伯行年四岁，短命而死。这阿咪青春尚只三个月。希望它长寿健康，像我老家的老猫一样，活到十八岁。这老猫是我的父亲的爱物。父亲晚酌时，它总是端坐在酒壶边。父亲常常摘些豆腐干喂它。六十年前之事，今犹历历在目呢。

　　　　　　　　　　壬寅〔1962〕年仲夏于上海作。

3 "丰牌张挂"的患难之交

——张乐平的回忆

画图又识春风面

张乐平

丰老久违了。一九七五年医院一面,竟成永诀,从此仙凡路隔,再也见不到我所仰慕的师长和朋友。近来看了丰子恺先生画展,看到那满堂的时代画卷,看到那透过纸面散发出来浓郁的生活气息,宛如又见到先生的音容笑貌。

早在二十年代,那时我在三马路望平街(即今汉口路山东路)转角的广告公司当学徒,偷闲常到四马路开明书店参观橱窗里的子恺先生的漫画。我被先生独特的中国风格的漫画吸引住了,以致流连忘返,真想能见一见我所敬佩的画家。

"一·二八"事变后,我开始画漫画,从此知道"漫画"二字就是丰子恺先生从日本翻译到中国的,更欲一识荆面,但总没有机会。一九三八年,当时我在武昌政治部第三厅所属的"抗战漫画宣传队",经人介绍,有幸认识了子恺先生。那时他约四十开外,已养了长长的黑胡须,飘逸洒脱、和蔼可亲。后来我们又同到汉口上海书局对马路一家里弄的绍酒店一起饮酒。子恺先生为人风趣,谈笑风生,饮酒不多而笑声不歇。过些时候,只见他依桌垂头,鼻息浓浓,原来先生醉矣。这次画展上《客人持杯劝主人》《我醉欲眠君且去》等画,不就是子恺先生生活的写照吗?他的许多画,都是俯拾可得的平平常常的生活小景,但到了画笔下,居然妙趣横生,耐人寻味。此后,我们又在小店相聚,饮酒谈天。先生学识渊博,使我得益匪浅。他不仅是一位卓越的漫画家,而且是出色的音乐家、文学家、翻译家和诗人。我们在武汉相识不久,我就被派到安徽、江西一带从事抗战漫画宣传工作而分手了。直到解放以后,才重新见面。有一次,得知先生患肺病在家,我前去探望,看到他正抱病学俄文,使我大为感动。此时的先生年过半百,已经掌握了日、英、法、德四种外语,还要从头学习俄文,可知他的博大精深是来之不易的。

　　"文劫"时期,我们当然在劫难逃。因他是美协上海分会主席,沈柔坚和我是副主席,他挨斗,我俩总要轮流陪斗,坐"喷气式",挂牌,一样待遇。有一次在闸北一个工厂被揪斗,我们一到,匆匆被挂上牌子,慌忙推出示众。一出场,使我好生奇怪:往常批斗,总是丰子恺先生主角,我当配角,而这一

次，我竟成了千夫所指，身价倍增，低头一看，原来张冠李戴，把丰子恺的牌子挂到我的脖子上了。我向造反派头头指指胸前，全场哄笑，闹剧变成了喜剧。有时斗完之后，我们同坐一辆三轮车回家，彼此谈笑自如，有一次他问我怎样？我说，"视而不见，听而不闻"。我问他怎样？他笑着说，"处之泰然"。后来有一次，我突然看到他那飘飘然的长白胡须被剪掉了。我很为他气愤，他却风趣地说："'文革'使我年轻了。"当然，这是酸苦的笑言，其实，他内伤很深。一九七五年九月，我到医院急诊，急诊处的同志悄悄地指指她后面空气混浊的观察室，告诉我丰子恺在那里，我急忙过去，噙着眼泪拉着他那无力的手，不知所云，只是轻轻地拍拍他，表示慰问，要他保重……谁知这是我和丰老的最后一面！

丰老的家属和学生，冒着风险，千方百计保住了丰老部分遗作，使我们劫后还能看到一代画师的遗墨。预展那天，我由儿子陪着，前去参观。当我拄杖站在丰老像前，睹物思人，不禁悲从中来，老泪盈眶。十年浩劫，摧残了多少艺术人才，洗劫了多少艺术佳品！在座谈会上，大家都叹息、咒诅那阵狂风横扫了丰老的许多艺术珍品，但丰老的女儿却欣慰地说："那时谁还想到有今天，想到我爸爸的画还能开展览会呢！"是的，"今天"来之不易，大家都要珍惜啊！

背后的故事

　　1981年5月在上海美术馆正在举办一个令人期盼已久的画展，展出丰子恺遗作彩色漫画数百幅。预展的那天，一位耄耋老人在儿子的陪同下前来参观。当老人拄着拐杖站在丰子恺像前，睹像思人，不禁悲从中来，老泪纵横。这位老人就是张乐平，参观后，他写了《画图又识春风面》文章发表在5月20日《解放日报》上。文章情真意切，发自肺腑，张乐平对丰子恺的追慕思念之情跳动在字里行间，每次读来令人酸鼻。

　　早在20世纪20年代，张乐平在上海三马路望平街（今汉口路山东路）广告公司当学徒，常常偷闲到四马路（今福州路）开明书店去欣赏橱窗里的丰子恺的漫画，他被丰子恺独特

丰子恺与张乐平、颜文樑、贺天健、林风眠、张充仁在上海美术展览馆（1965年3月10日）

风格的漫画吸引住了,以至流连忘返,真想有一天能面见自己敬佩的画家。终于有一天张乐平与丰子恺见面了,那是在抗日战争时期1938年春天的汉口,丰子恺是应汉口开明书店之邀带着两个女儿从长沙赶到汉口以笔代枪参加抗日宣传,正巧张乐平主持的"抗战漫画宣传队",从上海出发沿途以绘画形式向民众宣传抗日,也辗转到了汉口,丰子恺与张乐平两股抗日宣传力量会聚在了一起。

丰子恺为《小朋友》所画封面

20世纪二三十年代,漫画成为犀利的社会投枪和激越的时代鼓手,引人瞩目,丰子恺与张乐平无疑是其中最具代表性的。他的作品具有鲜明的时代特征和强烈的平民意识,其漫画艺术的核心是现实主义和人道主义。丰子恺被誉为"中国漫画"之父,而张乐平有漫画三毛之父的美称。他们可谓是"中国漫画画坛双杰"。如果要把他们俩相提并论,就会发现在他们身上确实有许多相同之处。首先他们的艺术观一样,都用手中的画笔作

张乐平为《儿童时代》所画封面

武器,大胆地反映深刻的社会矛盾,揭露了不合理的社会制度。张乐平的连环漫画《三毛流浪记》就是一个典型,丰子恺的漫画《最后的吻》《高柜台》《此亦人子也》等在社会上产生深远影响。其二,他们俩都热爱儿童,都以儿童为题材创作了大量漫画。丰子恺的儿童漫画可谓家喻户晓、脍炙人口,他曾说:"在人世间与我因缘最深的儿童,他们在我心中占有与神明、星辰、艺术同等的地位。"而张乐平的三毛就是儿童形象,他的三毛漫画系列已成为画坛的精品,还大量被改编成电影、木偶戏。张乐平也说过:"有人问我,你的儿童漫画小孩子那么喜欢看,有什么诀窍吗?我想来想去没啥诀窍,就是有一点,我爱孩子。"其三,身为漫画大师,丰子恺与张乐平日常生活都非常清贫朴素,都平易近人,乐于和下层社会的人交流,是名副其实的"平民艺术家",他们都生性乐观向上,为人风趣幽默。

  此外,还有一个生活上完全一样的习惯就是"嗜黄酒如命"。张乐平1910年出生,比丰子恺小12岁,浙江海盐人,海盐离丰子恺故乡桐乡不过百里,同属嘉兴,是古代吴越文化的交汇处。作为同乡人的丰子恺与张乐平,共同爱上家乡的黄酒这是顺理成章的。张乐平的作品往往是在老酒一杯以后出来的。20世纪50年代,他在《解放日报》社工作,工作非常繁忙,常常需要半夜里突击画稿。《解放日报》的人至今还记得,他总是带着酒,喝完以后,灵感突现,大笔一挥,作品就出来了。"文革"中,造反派硬是把"张乐平不许喝酒"的标语一直贴到了他的家门口。但有时因为酒瘾上来,就是在写检查的时候,还把藏着的酒偷偷拿出来喝。

丰子恺爱黄酒是出了名的。1948年在张锡琛等人陪同下丰子恺去台湾办个人画展,作家谢冰莹劝他在台湾定居,丰子恺说:"台湾好极了,真是个美丽的宝岛,四季如春,人情味浓。只是缺少了一个条件,是我不能定居的主要原因。"谢冰莹问:"什么条件?"丰子恺回答很干脆:"没有黄酒!"引来了四周人的一阵大笑。

丰子恺与张乐平相识在日寇侵华民族危难时期,他们真可称是"患难之交",不料相隔30年后的一场"运动",成就了他们的另一种"患难之交",张乐平多次与人谈到和丰先生的一个"丰牌张挂"的笑话。这个张乐平的回忆文章中也有提及。最让人感动的还是后来张乐平说的这句话:"丰老年纪比我大,我代他受过,也好让他少吃些苦头。"

林放先生于1983年2月10日在《新民晚报》上发表的文章《丰子恺先生一事》中也提到求新造船厂的那次批斗。文章不太长,全文抄录如下:

> 听说丰子恺先生的《缘缘堂随笔集》又将出版,而且听说那里面还收有好多篇从未发表过的《续笔》在内。这些《续笔》,据丰一吟同志说是丰先生白天坐"牛棚",挨批斗,清晨却在灯光下悄悄地写出来的。丰先生本来是一位慈祥恺悌的君子,可是他这种韧性的战斗,就不是我

主人醉倒不相劝 客反持杯劝主人

们一般人所能及,更不必拿那些随风而倒的小丈夫来对比了。

子恺先生是属于我们老师一辈的长者。我至今还能回味自己的中学生时期,从丰先生的美术音乐著作和随笔漫画中吸取的营养和情趣。由于年龄上的差距,我和丰先生够不上有什么交往。但

丰子恺(左一)与幼女丰一吟(后排中)在台湾日月潭(1948年11月)

在"文革"中却居然也有这么一次的"缘"分，足以印证一吟同志所说的丰先生在大动乱中写作的背景。那天由好多个"造反"组织在求新造船厂联合召开的批斗大会，"牛鬼蛇神"是黑压压的一大堆，约二三十名之多，其中就有丰先生。不过那天的重点对象似是周信芳和袁雪芬两位。丰先生和我面对面地枯坐在长板凳上，听着前台的董超、薛霸凶神恶煞似的抡着水火棍揪斗周、袁两位，大声吆喝，拳足交加，完全是按照京剧《野猪林》的戏路来进行批斗的。尽管气氛是如此紧张，丰先生却还是跟平素一样，恬静肃穆，淡然入定，只是在他的眼光里流露那么一点悲天悯人的忧郁的神情。直至批斗会解散后，我们又同乘一辆卡车，到了南市某处，丰先生跳车下去，恰巧旁边有一辆车横闯过来，擦着他的身边疾驰过去。大家"哎呀"一声为他捏了一把汗，然后目送他踽踽独行而去的背影。这就算是我对丰先生的最后印象了。

现在呢，除了上面我所见的白天坐"牛棚"挨批斗的背景之外，又加上了"清晨却在灯光下悄悄地写出了《缘缘堂续笔》"这样执拗地忠贞于艺术创作的情景。这是一种什么精神？这样的老知识分子是什么样的知识分子？难道不值得我们怀着尊敬的心情好好地思考思考吗？

另外丰张两人患难与共的批斗还有 1968 年 8 月 16 日在北京东路贵州路附近的黄浦剧场举行的。主办单位是"上海市无产阶级革命派打倒美术界反动学术权威丰子恺专案小组"。这次批斗会规模挺大,陪斗的有"上海市旧文艺界旧美协党内一小撮'走资派'":徐平羽、陈其五、孟波、方行、沈柔坚。还有上海美术界的"反动学术'权威'"张乐平、王个簃、唐云、贺天健、蔡振华、程十发、张充仁、吴大羽、谢稚柳等,以及"大右派"刘海粟。

上台发言的是贫下中农代表、解放军、交通大学"反到底兵团"、美术学校"红联"的红卫兵小将、上海中国画院"红旗"战士,以及美术口的革命派代表。一次像模像样的大会,组织工作一定费了不少时间。

《打丰战报》上刊出的丰子恺的画有《一时之雄》(画面是抗日战争时期太阳下持法西斯旗帜的雪人)、《炮弹作花瓶,

万世乐太平》、《城中好高髻,四方高一尺……》、《船里看春景,春景像画图……》、《只是青云浮水上,教人错认作山看》、《互割互啖图》,以及那幅《月子弯弯照九州》。

《只是青云》这幅画,造反派说是"把水上浮云比拟新中国的铁打江山"。其实这幅画初次发表于1942年,正当抗日后期,意指日本侵略者犹如浮云。1963年重画后又在香港《新晚报》上发表。那是沈柔坚先生介绍,要丰先生为该报每周作漫画两幅,对台湾"动之以情,晓之以理"。丰先生平生所作漫画,光是后人能收集到的,就有四千多幅。画得多了,难免

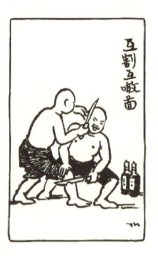

有瑕疵，但怎么可以反过来说他把新中国比作浮云呢！

《船里看春景》一画，那所村屋的门楣上写着"人民公社好"五字。为了美化风景，丰先生把岸边的桃花在水里画了个倒影。题字为"船里看春景，春景像画图。临水种桃花，一株当两株"。竟被批判为"丰子恺赤裸裸地咒骂我们的人民公社似船里看春景，此景不过是'三月桃花一时红，风吹雨打一场空'，诬蔑人民公社即将消逝"。

《打丰战报》上说，这次批判会得到《文汇报》《解放日报》等等的热烈支持，还收到上海轻工业学校、南京军区卫生学校、空军政治干部学校的各造反兵团的贺电。会后还放映了丰子恺漫画幻灯片。

对丰先生漫画的吹毛求疵、颠倒是非、恶毒中伤的批

判,不胜枚举。这里再介绍两则可笑的批判。

丰先生喜欢苏曼殊的诗《过蒲田》:"柳荫深处马蹄骄,无际银沙逐退潮。茅店冰旗知市近,满山红叶女郎樵。"取其末句作画。画一村姑正在山坡上扫红叶,树上落下几片红叶来。这幅画画过好几次。每一幅红叶落下来的片数都不一样。造反派们掌握的恰好是落下三片红叶,于是便指责作者是恶毒攻击"三面红旗"落地。("三面红旗"即总路线、大跃进、人民公社。)

还有一组画的批判,让人哭笑不得。那是丰先生应中国少年儿童出版社要求为一册幼儿读物画插图。文字是出版社提供的,内容为正确与错误相对照,让幼儿辨别哪一页对哪一页错。例如正确的一页上画"东方出了个红太阳,爸爸抱我去买糖";错误的一页上画"西方出了个绿太阳,我抱爸爸去买糖"。他们单取错误的一页来批判。"西方出了个绿太阳",那还了得!岂不是和"红太阳毛主席"唱反调吗?其实1957年出版这册书时还没有把毛主席比作红太阳呢!这幅画的批判出现在一次"毒草"批判的展览会上。看见的人很多。人们不知就里,以为丰子恺的这条罪状太明显了。现在想起来真是笑话!

1975年9月,丰先生肺癌病重,在上海华山医院住院期间,张乐平特地来探望丰先生。不久,丰先生就与世长辞。在张乐平心中丰先生永远是他所仰慕的师长和朋友。

4 "喜闻乐见"与"画如其人"
——华君武的回忆

子恺先生

华君武

今年八九月间到杭州开会,想到五十年前,也正是夏秋之际,我和《论语》编辑陶亢德,陪了先生夜游西湖。当时我只是个十九岁的青年学生,丰先生已经是一位誉满文坛的作家和漫画家了。在这以前,我已在林语堂先生处得识丰先生,至今还记得初次见面的印象,是长者前辈,是学者,是谦逊,是藏在心里的热情。我当时是一个初学漫画的青年,但先生毫无以前辈自居的架子,没有一点唯恐别人不知自己而夸夸其谈的浅薄。我感到他是以一种平等的态度来对待所有的人,在杭州那个夜晚已是酒后,现在只记得看着天上的点点繁星,他讲了许多又是科学,又夹着神话的天文知识。

我过去除了看先生大量的漫画,还看过一些关于美术启蒙著作、《缘缘堂随笔》和两本译作,一本是屠格涅夫的《猎人笔记》,一本是苏联中小学图画教学法,直到最近丰一吟同志寄来一批丰先生的史料,简直使我大吃一惊。先生著述之丰,恐怕在中国近代文艺界也是不多的。他是近代中国美术的启蒙者,是美术教育家、文学家、翻译家、漫画家,为我们社会诚诚恳恳做了那么多事,我深悔我对先生认识太不深刻了。

全国解放,我到上海,立刻去看丰先生,是在福州路他的寓所里。他仍旧是那样恬静、谦虚。先生告诉我他正在从事俄文的翻译。他懂日文和英文我是知道的,没有想到他还懂俄文,这真使我有些吃惊了。之后他将两本译作先后送给我,屠格涅夫《猎人笔记》译笔优美,可以看出先生文学上的造诣,也深感先生工作之韧性。六十年代,听说先生又在翻译日本《源氏物语》,长达几十万字的巨著,我简直不能相信这是一位年过花甲的老人的毅力了。

很多人知道子恺漫画,也有一些专门研究先生漫画的论述文章,无须我再来饶舌。但我感到应重提子恺漫画对于我们许多后学者来说值得重视的地方,有三点:

一是子恺漫画的民族风格。民族风格内涵之深广,绝非仅工具材料问题,它是作者对中华民族历史、文化、人民、习俗等各方面理解之总和。

二是子恺漫画之普及性。普及是因为人们能理解它、喜欢它，也就是毛泽东同志说的"喜闻乐见"。我想一件艺术作品之所以受人喜爱，首先是作者和读者有一种共同的思想感情，否则就无从普及。

三是子恺先生的漫画深入浅出。乍看先生的作品，貌似不惊人，但和吃青果一样，越到后来越感其味之隽永，这恐怕和先生人品和文化修养之深是分不开的。中国有句话说："文如其人。"子恺先生的文如其人，画也如其人。

这样一位文艺家，被迫害致死，可以想想"四人帮"及其爪牙究竟是一批什么东西！

这个月正是先生离开我们九年的时间，丰一吟同志为书，嘱我写序，我不善作文，就算是我对先生的追念吧！

1984年9月初于杭州西湖花家山

编者按：

华君武此文原系一篇序言，缘缘堂重建落成后，他将此文手书成一横幅，献给缘缘堂，并在正文后附记如下：

"谨以此文敬献于子恺先生故居重建后的缘缘堂"华君武1985年9月

背后的故事

华君武在文章中回忆,他是通过林语堂先生认识丰子恺先生的,他和《论语》编辑陶亢德,还曾陪了丰先生夜游西湖。这便牵扯出丰先生与林先生及其创办的《论语》半月刊的一段渊源。

林语堂喜好幽默,哪怕与人争论也是那样。据说有一次郭沫若指责林语堂:"叫青年读古书,而他自己却连《易经》也看不懂。非但中文不好,连他的英文也不见得好。"林语堂反驳:"我的英语好不好,得让英国人或美国人评。你没有资格批评我。至于《易经》,你也是读的,我也是读的。我读了不敢说懂,你读了却偏说懂,我与你的区别就在这里。"所以林语堂创办的杂志——《论语》《人间世》,以及《宇宙风》,尤其是《论语》半月刊,就是以幽默为办刊宗旨,经常发表轻松幽默的随笔。

《论语》这本杂志影响巨大,当时甚至形成了一个文学派别——论语派。《论语》创刊于1932年9月,据说杂志取名"论语"是因为和创办人林语堂名字中"林语"两字读音相近。《论语》半月刊拥有一个阵容庞大的作者群,宋庆龄、鲁迅、郭沫若、茅盾等左翼作家在《论语》上发表过作品,蔡元培、胡适、吴宓、朱光潜等也为这个杂志写过稿子。最主要的作者群还包括当时所谓的摩登新八仙——吕洞宾/林语堂、张果老/周作人、蓝采和/俞平伯、铁拐李/老舍、曹国舅/大华烈士、汉钟离/丰子恺、韩湘子/郁达夫、何仙姑/姚颖。这虽为戏称,林语堂当时也是欣然认可的,而他更重视的是丰先生在这些杂志上发表的作品。每逢丰子恺有作品发表，《人间世》或《宇宙风》的"编辑后记"中都有预告、推荐，或者评语，有时甚至于刊出丰子恺先生的大幅照片或全身像，这一"殊荣"仅给予周作人、俞平伯、老舍、郁达夫、废名等少数几位作者。而《宇宙风》上还特意开辟了很受读者欢迎的"人生漫画""缘缘堂随笔"专栏。

《论语》半月刊的封面大多以漫画作品组成，漫画家丁聪画过两期，张乐平也画过几期，画得最多的是丰子恺，复刊以后数十期《论语》的封面都是刊登丰子恺的漫画，也可算是林语堂崇尚幽默的一大特色。

《论语》1947年4月1日

《论语》1947年7月16日

新八仙过海图　汪子美作

《论语》1948年10月1日

林语堂和丰子恺的另一项合作是《开明英文读本》。这套由林语堂编撰、丰子恺绘封面插图的课本，是当时最为畅销的课本。《开明英文读本》《开明英文文法》共五册。这套书在当时风靡各校，从而成为开明书店的"吃饭书"。当然，丰子恺为林语堂所编读本而作的漫画，也是这套读本受欢迎的重要原因。

丰子恺在林语堂创办的《论语》半月刊、《人间世》和《宇宙风》上，先后发表了近五十篇文章，其中包括《劳者自歌》《热天写稿》《吃瓜子》《蝌蚪》《梦痕》《作客者言》《谈自己的画》《半篇莫干山游记》《读画史》《钱江看潮记》《无常之恸》《我的烧香癖》《宴会之苦》《湖畔夜饮》《中国就像大树》以及《告缘缘堂在天之灵》等重要随笔。但是，简单地把丰先生归入"论语派"似乎不妥，南通大学文学院徐型教授就"以四个字来概括丰子恺同'论语派'的关系：貌合神离"。"他同'论语派'确实

开明第二英文读本 1951 年版

开明第二英文读本 1930 年版

开明英文读本

有许多类似之处,然而仔细分析这些作品表现出来的人生理想、艺术趣味,尤其是与现实的关系,就会发现丰子恺实际上不是'论语派'中人物,他同'论语派'是大异其趣的。"

这也可以用来说明丰先生与林语堂两人的关系:不即不离。他们两人没有私交,纯粹是作者与编者的关系,而《宇宙风》杂志社却发表了大量丰子恺的作品。而且丰子恺的画稿还被《宇宙风》杂志收藏起来。1936年林语堂出国后,《宇宙风》由林语堂的三兄林憾庐接办,后又由林憾庐之子林翊重续办。杂志社的这些画稿就由林翊重珍藏。1949年6月林翊重去了台湾,画稿亦被带往台湾并妥善保存,直到2013年西泠印社秋季拍卖会上,这些画稿才重回大陆,可说是这个不即不离的故事七十多年以后的续篇了。

5 "儿童崇拜者"
———————————— 毕克官的回忆

忆子恺老师
——纪念丰子恺先生逝世四周年

毕克官

接电话通了,一个陌生的青年女士的声音:
"爸爸欢迎您来,请三点钟到,好吗?"
她就是丰一吟。就是《辞缘缘堂》里那勇敢地冒了敌寇轰炸从学校跑回家的女孩。
这是一九五九年四月阳春的一个下午。三点整,我以激动而又忐忑的心情踏入了前门外东方饭店的一个房间。丰子恺先生,我没有见过,但对他并不陌生。初次见面,给我的印象正如许多文章介绍的，他是位谦虚和蔼的学者。使人觉得他的谈吐，正像他那些言简意深的画幅，虽是寥寥数笔，却很耐人寻味。在这天的谈话中，我表示了要向他学习，请他们以后多指教的愿望，他却谦虚地说：

"我也没什么经验，都是过去的事了。以后就多联系吧！"

盼望了多年的见面，终于实现了。归程之中，"就多联系吧！"这句话总是回旋在脑海里。我是多么高兴！

一

为了说明见到子恺老师的兴奋心情，让我稍费篇幅，从三十年前谈起吧！

在故乡中学里一个偶然的机会，我看到了一本子恺老师的"民间相"。说也奇怪，我立即被这本小小的画册征服了。它像磁石一样吸引着我，使我爱不释手。从此，"子恺漫画"就在我心底刻下了深深的印痕。

一九四八年，我赴北京读书，路过天津市。在住所的一堆报纸里发现了连载的"子恺漫画"。我这个刚刚离开乡土来到大城市的青年人，对花花绿绿的天津市街没有多少兴趣，却一头扎进了旧报堆。经主人同意，我整整干了一天半，把"子恺漫画"剪下来。到北京安顿下来后，把它贴成厚厚的一本。这是自己有生以来收藏到的第一本画册啊！不到一年光景，平津解放战争打响了，学校停课，我也归家不得，就有了空闲仿照"子恺漫画"的风格，描画起自己的学生生活来。这是自己从临摹进入创作的第一步,是自己第一次的漫画创作,也是自己第一次用"子恺漫画"形式反映生活。

美院毕业后,我被分配到《漫画》编辑部工作。"无巧不成书",分工由我向子恺老师约稿。在"公事公办"地约了一阵稿子以后,我终于利用组稿的机会以个人名义大着胆给子恺老师写了信。不久,我得到了热情的回信。所约画稿也同时寄到了。这就是发表在《漫画》第一百三十三期的《杨柳青粪如金》。正是这幅画,在我和子恺老师之间搭起了桥,使我渴望已久的心愿终于在一个杨柳青青的季节实现了。

二

在与子恺老师过往的过程中,对我来说,最为珍贵的还是他在艺术上对我的一系列指教。

记得早在他给我的第一封信里回答我的讨教时,首先强调的一点,是生活对漫画作者的重要性。他写道:"从我自己的体会,生活很重要。生活是文学艺术(唯一的源泉),这话很对。"后来,不论在北京还是在上海,他都反复强调这一点。有一次我把他的画集《云霓》带到他下榻的民族饭店,请他谈谈创作经验,他一面指着一幅幅农村生活场景,一面对我说:

"这一本里的画,都来自生活。是我亲眼看到,有亲身感受,当场描下的速写。离开了生活,我画不出来。"

一九六二年,也是在民族饭店,当他又一次提到生活感受时,他从我胸前取下钢笔,接过我手里的笔记本,一面描绘,一面讲

述他的一个经历：

"早年在上海，有一天，走在南京路上，我对眼前形形色色的都市光景没有白相的兴趣，只想快点走过。正行走间，眼前一棵小树，树上靠了一个梯子，一根粗大的铁链、一把大锁，把树和梯子锁在一起。我见了这景象，觉得触目惊心，不觉站住了。铁链和《邻人》一画里的铁扇骨一样，反映了人世间尔虞我诈、相互防御的不正常关系，是人类丑恶和羞耻的象征。"他说，这个景象他没有画成画，但印象极深。他告诉我，他的许多作品，像《最后的吻》《两重饥饿》①《高柜台》《赚钱勿吃力，吃力勿赚钱》等都是来自当时的社会生活。他说，离开了生活，就没有这许多感受，画不出画来，也反映不了当时的社会。

一九六二年，我出差到上海，在探望子恺老师时，他领我到楼上看他的书房"日月楼"。他说自己上了年纪，跑不动了，又忙于翻译日本文学巨著《源氏物语》，难以深入生活了。他风趣地说，他现在只能坐在书房里看太阳和月亮了。但是，每年他都尽可能到外面跑跑，参观参观。一九六一年他曾随上海政协参观团到瑞金、井冈山等地游览，行程五千里，一路上吟诗作画，抒发自己热爱国家热爱新社会的情怀。当他知道几天之后我将到上海郊区的淀山湖去体验水乡生活时，他认为这很好。嘱咐我趁年轻时多深入生活和熟悉生活，也要多写生。他

---

① 似应为"二重饥荒"。——编者

语重心长地说：

"你们现在的条件比我们那时好多了，国家重视。我们那时只能'走马观花'，现在你们可以深入进去了。"

子恺老师一向强调生活的重要性。早在四十年前他就著文写道："我一向抱着一种信念：'艺术是生活的反映。'我确信时代无论如何变化，那道理一定不易。"（一九三二年《艺术的展望》）在那个时代里，作为一个艺术家能有这样精辟而坚定的艺术见解，是难能可贵的。四十年过去了，漫长的岁月证明子恺老师的话是正确的。

三

"要学诗人的眼睛。"——这是子恺老师反复指教我的又一点。和子恺老师每次会晤，我几乎都要请他讲讲：早期那些看来内容都极平常的，但很挑动心弦的画，是怎样找到画材的。我非常想知道里面的"奥妙"。而子恺老师每次的回答，都离不开"要学诗人的眼睛"这句话，所以给我的印象特别深刻。

子恺老师告诉我，诗，尤其是古体诗词，篇幅短，字数少，但包含的内容却深而广。这就逼得诗人练就一双很厉害的眼睛，能从复杂的世态中，能从表面现象中看出有意义的东西，用今天的话说，就是典型意义的东西。加上诗人又很富想象力，一经艺术加工，使得即使平凡的事物也会变得含意很深。他指着我带去的他的彩色画集里的一幅《春在卖花声里》说：

"一般人只看见花和钱,而诗人却把卖花声和春天联系起来。同样的,蜘蛛网上粘了些花瓣,也没逃过诗人的眼睛,一经点题,借景抒情,寓意就深刻了。"

他说,诗人表达感受大多是用形象描写的方法,使得他们观察生活的方法也特殊。他认为,诗人的观察方法,值得画家学习。他说,文学里的绝句字少而精,意深而长。好的漫画也应当如此。他个人最喜爱"言简意繁"的漫画。他几次提到陈师曾的那些寥寥数笔、意到笔不到的画。有一次还将《独树老夫家》[①]描出来给我看,说很有意味。至于日本画家竹久梦二的画,他更是多次在文章里推荐介绍。

他告诉我,他早年受古诗词的启发,学着像诗人那样去观察生活。他的《都市之春》[②]、《最后的吻》、《生机》等画,就是因此而得到画材的。当他在喧闹的十里洋场,高楼大厦之间看到一纸风筝时,精神为之一振:"哦!春天来了!"觉得很可入画,不能放过。

他说,诗言志,画画也必须有感而发,只有当自己很想画时,才能画得好。说他早期的一批画,并不是为发表而画的,兴到提笔,信手拈来。像《人散后,一钩新月天如水》《花生米不满足》《阿宝赤膊》《表决》等都是画在香烟盒纸、包装纸背面的,并没有想到拿去发表。是后来被编《七月》和《文学周报》的沈雁冰、郑振铎、胡愈之、叶圣陶诸先生发现,才冠以"子恺漫画"的名

---

① "独树老夫家"一语出自杜甫《草堂即事》诗。丰子恺自己亦有漫画对此描绘。——编者
② 似应为《都会之春》。——编者

137 ○ 二 知交零落别梦长

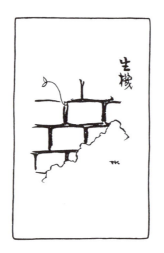

称发表出去的。后来的《邻人》也是这样,即使闭上眼睛,那个大铁扇骨也总会在眼前出现,希望人世间早日把这耻辱的象征消灭掉。因此,后来刻了一方图章曰"速朽之作",盖在这一类画上。他说,画这一类画时,他自己是有"创作冲动"的。

四

  子恺老师还经常提醒我,要画好画,也要学点文学,尤其是诗词,以丰富自己的艺术修养。在我的印象中,他提得最多的是鲁迅、朱自清和李叔同。他说鲁迅先生是位伟大人物,他的书非读不可。他说朱自清先生的散文文笔优美,像诗一般。说他与朱先生早年同在浙江白马湖春晖中学教书,朱先生两次为他的画集写了很好的序文。是啊!朱先生曾把自己欣赏"子恺漫画"称为"嚼",说有些画"像吃橄榄似的,总觉着那味儿"。这是何等内行又是何等精辟的见解啊!正由于他们在艺术上彼此知音,才结下了可贵的友谊。子恺老师也多次提到他的老师李叔同先生(即弘一法师),说李先生多才多艺,知识渊博,很值得学习。

  子恺老师认为,如今有些青年美术工作者只顾画画,不沾文学的边,这是不好的。如果认为读点文学,尤其是读点诗词是浪费了时间,那是一种短视眼。他的这番话,看似极平常,实则非常深刻。他这是花费了心血,耗费了时光才得出的经验之谈啊!熟悉"子恺漫画"的人都能体会到,他那些感人至深的画幅,与文学,包括诗词,是有着多么密不可分的内在关系!

  子恺老师知道我不会作诗,有一次,对我说:

"'熟读唐诗三百首,不会吟诗也会吟',你不会作诗,多读些诗也好。"

说完,还找出了纸笔,写下平仄口诀,对我讲解起平仄常识来。当时子恺老师已是六十五岁高龄,我自己也已三十出头,有了两个孩子了,老人家像教一年级小学生一样,手把手地对我进行启蒙教学的情景,我是怎么也忘不了的。一九六〇年,我离开原来的部门,转到《美术》编辑部工作,尽管文字工作对我来说是外行,但觉得对我的绘画创作有帮助,所以欣然接受了这个工作。当我后来把这想法说给子恺老师听时,他表示赞同,说:

"好的,好的,有好处。"

对此,子恺老师的艺术实践,不是早已做出了很好的回答吗?

五

和子恺老师相处,自然会较多地谈到那些动人的儿童画。他说,解放后很多人都问他是怎么画出那些画的?负责编选他的画集的文艺评论家王朝闻,也曾请他写这一方面的体会。但他觉得不好谈,因为他画那些画时,只不过是描下了自己的所见所闻,记下自己的感想,很少去考虑什么"创作问题"。

有一次,子恺老师告诉我说,孩子的心理和生活有孩子的特点,大人应当了解。只有了解了,才能发现孩子世界的秘密,再进行生动的描绘。他自己就是常常变了儿童而观察儿童的。他问我是否对自己的孩子有观察,是否了解他们。我说观察有一点,但谈不到了解。子恺老师笑着说:

"要画好孩子，必须设身处地。"

子恺老师谦虚地说他谈不出什么经验，这"设身处地"不正是他宝贵的经验吗？而我自己的毛病正在于不能"设身处地"，只想向老师讨求什么"秘方"。打这以后，我就有意识地注意这方面的锻炼，逐渐地略见收获，创作出《我看报》《早晨好I》《警察叔叔》《奶奶洗脸不哭》《抬着走》等画。事有凑巧，正当《我看报》《奶奶洗脸不哭》在《人民日报》发表那天，子恺老师再次由上海抵达北京出席政协会议。当我去民族饭店探望时，先是同屋的王个老（王个簃先生）对我表示祝贺，接着子恺老师从桌上翻出那天的报纸，指着那幅《我看报》说：

"好的！好的！这小家伙，这样看报，有意思。"（画的是孩子将报纸铺在地上，将整个身子趴在上面"看"报。）

这次会议期间，当小组会讨论到文艺的方针政策时，子恺老师曾以此画为例，发表了"像这样的小花，也应当让它开放"的意见。这是事后我再去探望他时，他亲口告诉我的。这件事，也使我体会到了长者对后学的鼓励和关心。

也是在这次政协会期间，我参考《瞻瞻的日记》，将自己平时的观察笔记整理成一篇《宛婴日记》，记述了我"设身处地"地理解孩子的心得体会。我把原稿拿到旅店请子恺老师教正，老人家给改动了几个字，表示可以，说写孩子只有理解他们，才能表现他们，才能做好儿童教育工作。这篇小文，当这次政协会议还没有闭幕时就在《人民日报》发表了。尽管它是我向子恺老师学习的一篇不成功的答卷，但却是一篇有纪念意义的答卷。

一九六三年，我到北京郊区从事文化下乡的工作，深入生活，与人民结合。因工作关系，我也有机会较长时期接近农村孩子。我当时把这样的生活看得十分珍贵。因为，如果说在这之前我由于条件的局限，还只能熟悉自己的孩子（当然他们也是新一代中的一分子），因而常常感到不安，那么，自己现在已从狭窄的小圈子里，到了广阔的天地，并能真正接近和熟悉劳动群众的孩子了。我和他们中的许多人交上了朋友。我给他们放映幻灯，开放阅览室；他们的幼小心灵也对我关心备至。我们之间的感情是真挚的。这种相处，使我进入了又一个天真烂漫的儿童世界。当时我曾写信向子恺老师报告，他回信热情地鼓励我要深入生活，画出好画来。我的《有趣的书》《果熟季节》《叔叔您有小人书吗？》等画和《我和我的小朋友》短文（均发表于《人民日报》），表达了自己对这些小心灵的喜爱，记述了自己投身广阔天地的新感受。如果我这时期在创作上也取得了一点成绩的话，是与子恺老师的指导分不开的。

一九五九年六月一日，当我的第一个孩子出生时，我曾写信把这消息告诉子恺老师。几天后，回信来了，除了祝贺之外，还寄赠了一幅画《樱桃豌豆分儿女，草草春风又一年》，画上题字曰："此画为我六月一日儿童节所作。克官来信言是初生女婴，特命名字宛婴。"前面所提到的《宛婴日记》里的主人翁，就是这个女孩子。在和子恺老师过往颇密的那些年，也正是我忙碌地学着带孩子的时候，子恺老师对于我如何教育好孩子也关心到了。有一次，我打开他的信，见里面有一张图画，画着一匹红马，背上驮了一只浅绿色的狗。我很纳闷："这是干什么？"看完了信，我才明白，原来子恺老师在给我写信之前，一面抱了小孙女，一面画给她看,这张图画实际就是一份图画教材哩!子恺老师对我说,这个办法我也可以试试,是小孩子喜欢的一种玩法,同时也是从小时候就对孩子进行美术教育的一种方法。我当时十分感动,心想,子恺老师真是关心下一代的成长啊!我不由得想了很多。是的,子恺老师重视对青少年的美育教育,早就闻名于世了。他写了大量启蒙著作,这些著作都深入浅出,生动易懂,受到青少年的欢迎,受到成人们的感激。去年,我去探望了子恺老师的老友、老教育家叶圣陶老先生,他提到了子恺老师在这一方面的贡献。说子恺老师不是死板板地讲道理,而是写得很生动。叶先生认为要做到这一点,是很不容易的。我以为,作为艺术启蒙教育家的子恺老师,在对待为青少年写作这件事上,和他对儿童画创作一样,也是"设身处地"地理解他的小读者,并为他们着想的。因此,才能成功地写出了那样多的受到小读者和成年人都欢迎的通俗读物。这一点,同样也是很值得今天的我们认真学习的。

六

当这篇回忆短文将要结束的时候,应当提一提在子恺老师培植下,我和子恺老师的二子元草和小女一吟之间的友谊。而我能有机会向子恺老师学习,也是和他们兄妹的热心帮助分不开的。记得在那些风风雨雨的年月里,正是从元草那里听到一点点关于子恺老师的信息。

似乎是一九六七年的一个什么时候,我在北京看到了一份油印的张春桥的讲话稿,这个坏家伙破口大骂子恺老师,而且连丰师母也骂到了。他对热爱国家、热爱新社会的子恺老师,进行了恶毒的诬蔑。由于他当时窃据了很大的权力,有着极大的欺骗性。这篇讲话在全国,在美术界,尤其在上海造成了十分恶劣的影响,此后,丰子恺的专案,便被列为上海文艺界的几大专案之一。子恺老师,是直接受"四人帮"迫害的!

作为多年受子恺老师指导的我这个漫画后学者,多么盼望在断绝往来达八年之久以后,有朝一日能和老师重叙师生之谊。怎么也没有想到,一纸讣闻,使我的愿望完全破灭了,子恺老师过早地离开了我们,竟没有亲眼看到"四人帮"的覆灭!

如今,国家上空的乌云早被驱散了,晴空万里。子恺老师的沉冤也得到了昭雪。为了使子恺老师一生辛勤栽培的文学艺术之花,更加美好地开放在国家文化遗产的花园里,我和元草、一吟等人正携手共勉,做些力所能及的工作。这促进了我们之间的友谊不断发展。对此,九泉之下的子恺老师,一定会欣慰地说:"好的,好的。"

1979 年 4 月

背后的故事

毕克官在回忆文章中说,丰先生祝贺毕克官得一女儿,寄赠了一幅画——《樱桃豌豆分儿女,草草春风又一年》,画上还有题字:"此画为我六月一日儿童节所作。克官来信言是初生女婴，特命名字宛婴。""宛婴"两字与"豌豆""樱桃"谐音。

其实，毕克官的两个孩子，名字都是丰先生取的。后来毕克官又得一子，同样请丰先生取名。丰子恺以自己的姓氏"丰"的谐音"枫"和他的妻子徐力民的"民"字，给取了毕枫民。

后来在那风雨如磐的年代，这两个名字还带来了不小的风波。有一天，丰子恺先生在北京人民音乐出版社当编辑的儿子丰元草，急匆匆地来到毕克官的家中。当时整个政治环境已变得极为躁动：高音喇叭不断播放着激进的乐曲；游行队伍不时走过，高呼着各种口号；小道消息在街巷里不胫而走。丰元草这次来毕克官家，主要是为了通报一些情况：上海，"四人帮"的老巢，正在严厉批判丰子恺先生，把他列为上海市十大重点批判对象，所列举的罪行是"反动学术权威"。另外还有一桩重要的事，为免受丰子恺受批判的牵连，让毕克官两个孩子赶紧去改名。

毕克官致丰一吟

这时确实有点迫在眉睫了。这一年，单位里已经有人对毕克官指指点点，说他崇拜丰子恺，在讨论毕克官入党的一个会议上，说他"另类"，不向革命老干部学习，却以丰子恺这样一个佛教居士为师，去看望丰先生还带去了北京的特产蜜饯。结果支部决定暂停表决，还勒令毕克官书面写检查。

这时确实相当尴尬：一方面是喧嚣一时的汹涌浊浪，另一方面是自己的老师。正是因为在中学时代偶然看到丰子恺先生的一本画集《民间相》，那巨大磁力吸引毕克官走上漫画创作的道路。怎么办？丰先生那么爱孩子，随便怎么样都不能让孩子受到影响吧？于是赶紧去派出所改名，毕宛嬰改为毕万缨，毕枫民改为毕为民。等到形势逐渐平缓，毕克官又让毕万缨把名字改回了毕宛嬰，而由于派出所的一些原因，毕为民户口本上的名字未能更改回来。

"四人帮"肆虐终究不会长远，可惜丰先生没有亲眼看到。对于丰先生的平反，从1969年开始便一拖再拖，直到1975年丰先生去世都没有被"解放"——毕竟是"四人帮"的根据地，有的人还在耿耿于怀，还在怀念打砸抢肆无忌惮为所欲为的日子。但毕克官先生等不及了，他写信给上海的文化局副局长沈柔坚先生，催促抓紧办理。

直到1978年6月，也就是粉碎"四人帮"两年以后，上海市文化局党委终于做出复查结论，撤销原审查结论，为丰子恺平反。毕克官先生在写给丰子恺小女儿丰一吟的信上说："得知丰先生已得市里批准平反，甚是欣慰。早在一个多月之前，我曾写了一信给市文化局副局长沈柔坚同志（与他相识），专门谈了我对此事的看法，并提了你家兄妹写了悼念文章未予发表的事，谈了我个人认为市里对此事旗帜不鲜明、政策落实不有力的意见。如今批准平反，这就对了。你写的纪念文章，其中一定要提到张春桥做报告大骂丰先生一事。我认为这是直接迫害（而非群众所为），我之所以认为当平反，原因就在这里。"

毕克官致丰一吟

毕克官在文章中又回忆曾给丰先生写信，述说带孩子的艰辛。丰先生就画了红马背绿狗的图画寄给毕克官，其实是在告诉他，还可以一面带孩子，一面描画一些简单的画面。这样既可以提升孩子对于美术的兴趣，同时还可以潜移默化地通过绘画让孩子知道一些成语典故。

八六六家门前八株竹

一拳头摔到你含山头

其实，丰先生在给毕克官回信前，也是一面抱了小孙女，一面画画给她看。丰先生在工作之余，最多的是与孩子在一起。他有七个孩子，等到这些孩子一个个长大了，他又与孙辈们在一起，与他们一起唱儿歌，给他们讲故事，画漫画给他们看，与他们一起念古诗。比如这幅《八六六》，是画给丰先生小儿子丰新枚（小名恩狗）的，记录的是一首儿歌：八六六家门前八株竹，八只八哥住在八六六家门前八株竹上宿，拿了八把弹弓赶掉八六六家门前八株竹上八只八哥，勿许住在八六六家门前八株竹上宿。另一幅，也是画给丰新枚的。画的内容也是一首故乡的儿歌：一拳头，摔到你含山头，回转来，叫我声三娘舅。这种活泼滑稽的画面，都是小孩所喜爱的。

时隔多年，那张丰先生寄给毕克官的《红马背绿狗图》，到底讲述了怎么样的一个故事，现在已难以考证。也许是一个像《听我唱歌难上难》那样滑稽有趣而又幽默的童谣："奇唱歌，怪唱歌，鱼吹笛子蛋唱歌，冬瓜敲大鼓，黄瓜打大锣，茶壶吹喇叭，茶杯在打架。"其实这些已不重要，毕克官先生肯定明白，这是在传授一种方式方法，培养后代教育子女的方式。就像以前丰子恺用一本画册《云霓》的实例来教毕克官绘制漫画的选材："这一本里的画，都来自生活。是我亲眼看到，有亲身感受，当场描下的速写。离开了生活，我画不出来。"也像丰先生教毕克官诗词创作时所说：要像诗人那样"练就一双很厉害的眼睛，能从复杂的世态中，能从表面现象中看出有意义的东西"。

后来毕克官去拜访丰子恺先生的老友、老教育家叶圣陶

听我唱歌难上难

先生,叶老也提到了丰子恺在这一方面的贡献。他说,丰子恺不是死板地讲道理,而是写得很生动。要做到这一点,是很不容易的。作为艺术启蒙教育家的丰先生,在对待为青少年写作这件事上,也和他对儿童画创作一样,是设身处地理解他的小读者,并为他们着想的。因此,他才能成功地写出那样多受到小读者和成年人欢迎的通俗读物。

可以说,丰子恺是一个"儿童崇拜者",他曾在《漫画创作二十年》中说过:"我作漫画由被动的创作而进于自动的创作,最初是描写家里的儿童生活相。我向来憧憬于儿童生活。尤其是那时,我初尝世味,看见了所谓

'社会'里的虚伪矜忿之状,觉得成人大都已失本性,只有儿童天真烂漫,人格完整,这才是真正的'人'。于是变成了儿童崇拜者,在随笔中漫画中,处处赞扬儿童。"他还说:"最近我的心为四事所占据了:天上的神明与星辰,人间的艺术与儿童。"作为一个画家、一个作家,把儿童与神明、与星辰、与艺术放在同等重要的地位,这无论在当时还是现今,在文学作品中还是在现实生活中,都是不多见的。

毕克官画

6 十万一卷的《漱石全集》
———————————————————— 内山完造的回忆

丰子恺先生①

内山完造

（一九五六年）十一月十八日，我离开飞雪的北京……搭乘飞机一路南下……来到一别九年的上海进行访问。这么久音信不通，今天得见，我在飞机上就精神兴奋起来了。飞机正在渐渐下降，已经可以看到黄浦江中的许多帆船和小火轮。在黄浦江上空盘旋了一下，就到了龙华飞机场。飞机平稳地降落，有几个人在向我挥手，其中有一位似乎是白胡须的老翁。舷梯一接上，我第一个

---

① 节译自《花甲录》，日本岩波书店1960年9月版。

走下飞机。"啊，啊，内山先生！"那位白髯老翁说着向我伸出手来。这是十几年没有见面的丰子恺先生。我激动得一句话也说不出来，只得以紧紧的握手来表达内心的兴奋。巴金先生也来迎接我，此外还有对外文化协会上海分会的三位先生。当下我就和丰先生同车来到位于旧法租界茂名路的国泰大厦，也就是今天的锦江饭店，就在七楼下榻。丰先生在汽车里问我："上海变了样吧？你觉得怎么样？"我当下回答说："颜色变了。"丰先生也同意说："确实如此。"龙华寺的古塔已经修葺一新，旧法租界的行道树也比过去更美丽了。十年过去，树木当然更粗壮了，再加精心的养护，看上去确实很美。这里很多是高大的法国梧桐，它们勾起了我怀旧的心情。

"内山先生，今晚一起上功德林吃饭吧！"我带着感谢的心情接受了邀请。对于丰子恺先生，我还有着不能忘怀的感激心情。战争结束第二年的四月，我离开了千爱里的家，迁往吴淞路义丰里165号我最初带着家眷居住过的住宅，接受了亚东协会会长贺耀祖、副会长彭学沛两位先生的委托，在这里收集亚东协会需要的日本书籍。有一天，丰子恺先生由一位女儿陪同来到我家。他说："内山先生，有没有《漱石全集》？"那时我手里正好有一套，但这里面已经缺了三卷，而只有十七卷了。丰先生听到这一情况，便说："就这样行啦，缺少的卷数，将来能够补齐的时候再寄给我吧。要多少钱？"我开的价钱是法币十七万元。先生一听便说："太便宜啦，谢谢，谢谢！"他就这样自己提着回去了。他不但当下付清了书款，而且临走时还对我说："内山先生，你不要回去啊，就住在上海吧。这里有很多朋友，生活上不用担心，安心住下去吧。"这些话，我至今还记得很清楚。那时过了不久，我又得到了三卷缺本中的一卷，于是赶快邮寄到石门湾丰先生家去了，同时还写明了这一册书的价款是一万元。过了几天，我收到了丰先生寄来的挂号信，心想一定是把那一万元寄来了，岂知拆开信封一看，原来是一张十万元邮政汇票，还附了一封信，那里面写道：

内山先生：《漱石全集》缺卷一册收到。这部全集实在过于便宜，因此奉上十万元，尚希收下。

我看后不禁吃了一惊，因而也引起了我的深思。

即便这部《漱石全集》的书价过于便宜，但毕竟是双方愿意而成交的，因此，现在也只要把这一册的价款一万元寄来就可以了，但是却寄了十万元来。即使说"因为过于便宜……尚希收下"，但看来不会这样简单。尽管丰子恺先生是中国近代的大德弘一法师的弟子，但单凭这封信里所谈的来说，这件事无论如何还是一个谜。我到邮政局去取款，邮局职员特地给我打招呼："您就是内山先生吗？"他邻近的职员们也说"人们常说的内山先生就是这一位啊"，"内山先生是鲁迅先生的老朋友，是上海的老朋友，是中国的朋友啊"，等等。连手里闲着的其他职员以及来寄信的人们都来听这些谈话，大家对我表示了我所想象不到的赞扬。这时候，我终于获得了对丰子恺先生来信的解释。丰先生一定是由于看到我独自一个人经营着一家旧书店，因而引起了同情心，他一定是在想要用什么办法来帮助我，但是用送钱的办法来表示，

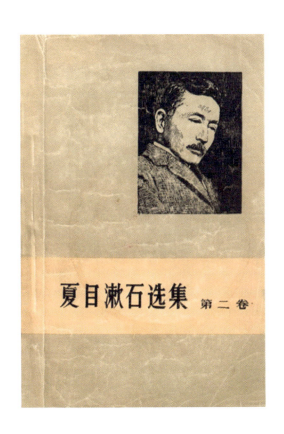

又恐怕有损于内山先生的面子，正好在这样想的时候，收到了我寄去的一册缺本，于是趁这个机会，对只要一万元的要求就寄了十万元给我，情况一定是如此。我想到这里禁不住流下了眼泪，像丰子恺先生这样体贴人心，在日本人中是很难得看到的，在中国人中也是少见的，因此内心非常感激。记得我当时立刻给他写了一封表示感谢的回信。今天，我再次见到丰先生的时候，首先想到的就是这件事情。在有十来位友人的会餐的席上，我就把这事讲了出来。在场的朋友都感到吃惊，但丰先生却微笑着说："有过那样的事吗？那部《漱石全集》还没有补齐，但我至今还保存着，作为对您的珍贵的纪念。"我因为至今没有什么来报答这一恩情，所以内心还感到遗憾。

　　我读过先生在战时写的旅行日记，知道丰子恺先生的老家在日军的柳川部队于杭州湾登陆后的行军过程中被全部烧毁，他为了逃避战火，带了人口众多的家属绕道云南贵州而到了四川省的重庆，这是一次甚至可以说是残酷的非常悲惨的旅行。战争结束后，先生从重庆回到上海，曾在新新公司的画廊里举行过展览会，当时我也去参观了。但自从那次会过一面之后，直到今天才获得再见的机会。先生那次悲惨的旅行就是日本军造成的。但他非但没有为此对我说点什么，还以那样的行为来对待我。对他这种世所少见的善行，我再次在这里从心底里表示感谢。

1956 年 12 月 19 日于船桥

背后的故事

1956年11月,丰子恺的老友内山完造先生——当时任日中友好协会理事长,后来任副会长,从日本转北京来上海参加鲁迅逝世20周年纪念会。丰先生和巴金等文化界人士到龙华机场去迎接他。

内山完造与丰先生的相识,还要从20世纪20年代的老上海说起。那时候,丰子恺留学日本回来,便开始了笔耕生涯。为寻觅参考书以及合适翻译给国人阅读的书籍,丰先生经常光顾位于上海北四川路魏盛里的内山书店。丰先生第一次见到鲁迅先生,就是在内山书店里,还是内山先生给介绍的。丰子恺

丰子恺(左三)与葛祖兰、日本内山完造等在上海万国公墓(1956)

丰子恺(左一)与葛祖兰、吴朗西等在上海万国公墓祭拜内山完造(1960)

在《欢迎内山完造先生》一文中介绍说:"内山书店不像一爿书店,却像一个友人的家里;进去买书的人都坐着烤火,喝茶,吃点心,谈天。买了书也不必付钱,尽管等你有钱的时候去还账,久欠不还,他也绝不来索。内山先生结交中国许多进步文人,十分同情他们在黑暗时代的苦痛生活。内山夫人美喜子也绝不像一个书店的老板娘,真是一位温良贤淑的好主妇。这书店原是她在北四川路魏盛里的小屋子里开始创办,后来扩充起来的。我从她手里不知喝过多少杯日本茶,吃过多少个日本点心。内山先生是日本人,同时又十分熟悉中国情况,十分同情中国人民。所以他实在是中日友好的识途老马,一定能够帮助引导中

日友好走上光明正确的路径。"

而丰先生也通过以十万高价购买《漱石全集》来默默报答这份难得的友谊。内山完造先生读过丰先生写的《教师日记》,知道丰先生的老家在日军柳川部队杭州湾登陆后全部被烧毁,也知道丰先生为了逃避战火,带着老少十余个家属踏上极其艰难的逃难之路,而这一切都是日本政府和日本军队造成的。可丰先生并没有因此对内山先生说点什么,还以那样的行为来对待他,对于这种世所少见的善行,内山完造是从心底里表示感谢的:"像丰子恺先生这样体贴人心,在日本人中是很难得看到的,在中国人中也是少见的,因此内心非常感激。"其实丰先生对内山完造应该也是怀着感激之情的。在他刚刚涉足文坛时,有内山书店这样一个地方可以阅读可以交流,还在这里认识了仰慕已久的鲁迅先生。更重要的是,丰先生的恩师夏丏尊先生在上海沦陷时期被日本宪兵抓去,关押在大桥监狱,多亏内山完造先生多方奔走，才得以释放。

最后值得一提的是，1959 年内山完造先生以日中友好协会副会长身份来华访问，在北京因脑溢血病逝后，内山家与丰家仍有交往，内山完造的弟弟内山嘉吉和他的第二任妻子内山真野，都与丰子恺的女儿丰一吟女士保持着通信往来。他们互相问候，探讨日本古典名著《源氏物语》翻译的一些问题。

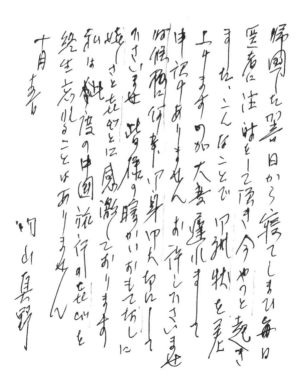

豊一吟女史：

此度は魯迅先生誕生百年紀念
に先参与式典にお招き頂きまして
ありがとうございます上海の紀念の
式当日嗜れいがもあって其の上
魯迅先生の墓参もさせて頂き上に
わ山も掃葉山荘に於て二十三に振りの
みな様にお目にかゝり話をして
得策一度もお目にかゝりません
ことは残念に思つております
あの山の先州真は北年に一人です
陽翰笙先生も心気勝ちの
様を書年でありました上海で
豊先生お一人で心私を
慰て在世のゆかしき写物を
ひろげて下さいまして今功これ
の寫真の翻訳もかゝげましてあり
ます其他靴一足ほんとにあり
がとうございます 内山書店と
中年末で遠慮がちにお許し下さい
巴金先生もお違いできず残念でした
外国に行けばとおき残念でした
私も旅行に遊んで大分疲れまして

三

民国文坛管窥
序跋背后的文人情谊

1 "妈妈的教育"
———— 夏丏尊

《子恺漫画》序

  新近因了某种因缘,和方外友弘一和尚(在家时姓李,字叔同。)聚居了好几日,和尚未出家时,曾是国内艺术界的先辈,披剃以后,专心念佛,见人也但劝念佛,不消说,艺术上的话是不谈起了的。可是我在这几日的观察中,却深深地受到了艺术的刺激。

  他这次从温州来宁波,原预备到了南京再往安徽九华山去的。因为浙江开战,交通有阻,就在宁波暂止,挂搭于七塔寺。我得知就去望他。云水堂中住着四五十个游方僧,铺有两层,是统舱式的。他住在下层,见了我笑容招呼,和我在廊下板凳上坐了,说:

"到宁波三日了。前两日是住在某某旅馆（小旅馆）里的。"

"那家旅馆不十分清爽罢。"我说。

"很好！臭虫也不多，不过两三只。主人非常待我客气呢！"

他又和我说了些在轮船统舱中茶房怎样待他和善，在此地挂搭怎样舒服等等的话。

我悯然了。继而邀他明日同往白马湖去小住几日，他初说再看机会，及我坚请，他也就忻然答应。

行李很是简单，铺盖竟是用粉破的席子包的。到了白马湖后，在春社里替他打扫了房间，他就自己打开铺盖，先把那粉破的席子叮咛珍重地铺在床上，摊开了被，再把衣服卷了几件作枕。拿出黑而且破得不堪的毛巾走到湖边洗面去。

"这手巾太破了，替你换一条好吗？"我忍不住了。

"那里！还好用的，和新的也差不多。"他把那破手巾珍重地张开来给我看，表示还不十分破旧。

他是过午不食了的。第二日未到午，我送了饭和两碗素菜去（他坚说只要一碗的，我勉强再加了一碗），在旁边坐了陪他。碗里所有的原只是些莱菔白菜之类，可是在他却几乎是要变色而作的盛馔叮咛喜悦地把饭划入口里，郑重地用箸夹起一块莱菔来的那种了不得的神情，我见了几乎要下欢喜惭愧之泪了！

第二日，有另一位朋友送了四样菜来斋他，我也同席。其中有一碗咸得非常的，我说：

"这太咸了！"

"好的！咸的也有咸的滋味，也好的！"

我家和他寄寓的春社相隔有一段路，第三日，他说饭不必送去,可以自己来吃,且笑说乞食是出家人的本等的话。

"那么逢天雨仍替你送去罢。"

"不要紧!天雨,我有木屐哩!"他说出木屐二字时,神情上竟俨然是一种了不得的法宝。我总还有些不安,他又说:

"每日走些路,也是一种很好的运动。"

我也就无法反对了。

在他,世间竟没有不好的东西,一切都好,小旅馆好,统舱好,挂搭好,粉破的席子好,破旧的手巾好,白菜好,莱菔好,咸苦的蔬菜好,跑路好,甚至什么都有味,什么都了不得。

这是何等的风光啊!宗教上的话且不说,琐屑的日常生活到此境界,不是所谓生活的艺术化了吗?人家说他在受苦,我却说他是享乐。我曾见他吃莱菔白菜时那种愉悦叮咛的光景,我想:莱菔白菜的全滋味,真滋味,怕要算他才能如实尝得的了。对于一切事物,不为因袭的成见所缚,都还他一个本来面目,如实关照领略,这才是真解脱,真享乐。

艺术的生活,原是观照享乐的生活。在这一点上,艺术和宗教实有同一的归趋。凡为实利或成见所束缚,不能把日常生活咀嚼玩味的,都是与艺术无缘的人们。真的艺术,不限在诗里,也不限在画里,到处都有,随时可得。能把他捕捉了用文字表现的是诗人,用形及五彩表现的是画家。不会作诗,不会作画,也不要紧,只要对于日常生活有观照玩味的能力,无论谁何,都能有权去享受艺术之神的恩宠。否则虽自号为诗人画家,仍是俗物。

与和尚数日相聚,深深地感到这点。自怜囫囵吞枣地过了大半生,平日吃饭着衣,何会尝到过真的滋味!乘船坐车,看山行路,何会领略到真的情景!虽然愿从今留意,但是去日苦多,又因自幼未曾经过好好的艺术教养,即使自己有这个心,何尝有十分把握!言之怃然!

正怃然间,子恺来要我序他的漫画集。记得子恺的画这类画,实由于我的怂恿。在这三年中,子恺实画了不少,集中所收的不过数十分之一。其中含有两种性质,一是写古诗词名句的,一是写日常生活的断片的。古诗词名句,原是古人观照的结果,子恺不过再来用画表出一次,至于写日常生活的断片的部分,全是子恺自己观照的表现。前者是翻译,后者是创作了。画的好歹且不谈,子恺年少于我,对于生活,有这样的咀嚼玩味的能力,和我相较,不能不羡子恺是幸福者!

子恺为和尚未出家时画弟子,我序子恺画集,恰因当前所感,并述及了和尚的近事,这是什么不可思议的缘啊!南无阿弥陀佛!

一九二五年十月二十八夜
夏丏尊在奉化江畔远寺曙钟声中。

背后的故事

李叔同和夏丏尊是丰子恺在浙江省第一师范学校读书时的两位老师。丰子恺对这两位老师有一个十分形象的比喻，他说："夏先生与李先生对学生的态度，完全不同。而学生对他们的敬爱，则完全相同。这两位导师，如同父母一样。李先生的是'爸爸的教育'，夏先生的是'妈妈的教育'。"而夏丏尊先生又是这样评价李叔同先生的："李先生教图画、音乐，学生对图画、音乐，看得比国文、数学等更重。这是有人格作背景的缘故的。因为他教图画、音乐，而他所懂得的不仅是图画、音乐；他的诗文比国文先生的更好，他的书法比习字先生的更好，他的英文比英文先生的更好……这好比一尊佛像，有后光，故能令人敬仰。"

学生们尊重、敬仰李叔同先生，还有一个重要原因，那就是他做事的认真。正是由于这种认真，李先生做一样，像一样。这就像丰先生所说，李先生"少年时做公子，像个翩翩公子。中年时做名士，像个风流名士；做话剧，像个演员；学油画，像个美术家；学钢琴，像个音乐家；办报刊，像个编者；当教员，像个老师；做和尚，像个高僧"。

李先生上课极其认真，他的一个小时课程，完全是按照每一分钟来安排和备课的，所以备课花费了他很多时间。而且他的每一节课，凡是必须在黑板上写出的内容，他都预先全部都写好了。黑板也是特制的双重黑板，用完一块，把它推开，再用已经预先写好的第二块。上课铃还没有响起时，李先生早已经端坐在讲坛上了，因此学生上李先生的图画课和音乐课是决不敢迟到的。上课铃未响起，先生学生就已到齐，听到铃声一响，李先生站起来一个鞠躬，就开始上课了。上音乐课时，每个学生都要"还琴"，如果学生弹错了，李先生就看你一眼，轻轻说一声："下次再还。"有时他并不说，学生吃了他这一眼，就自己请求下次再还了。李先生话不多，说话时也总是和颜悦色的，但学生们都尊重他，敬畏他。这就是"爸爸的教育"的魅力：严肃而又极其认真。

至于"妈妈的教育"，丰子恺在《悼丏师》一文中这样回忆：

> 夏先生初任舍监，后来教国文。但他也是博学多能，只除不弄音乐以外，其他诗文、绘画（鉴赏）、金石、书法、理学、佛典，以至外国文、科学等，他都懂得。因此能和李先生交游，因此能得学生的心悦诚服。
>
> 他当舍监的时候，学生们私下给他起个诨名，叫夏木瓜。但这并非恶意，却是好心。因为他对学生如对子女，率直开导，不用敷衍、欺蒙、压迫等手段。学生们最初觉得忠言逆耳，看见他的头大而圆，就给他起这个诨名。但后来大家都知道夏先生是真爱我们，这绰号就变成了爱称而沿用下去。凡学生有所请愿，大家都说："同夏木瓜讲，这才成功。"他听到请愿，也许喑呜叱咤地骂你一

顿，但如果你的请愿合乎情理，他就当作自己的请愿，而替你设法了。

夏先生与同学相处毫不矜持，有话就直说。学生也是嬉皮笑脸地同他亲近。放假学生出校门，夏先生看见便会叮嘱他们："早点回来，勿可吃酒啊！"学生们也都笑着连说："不吃，不吃！"同时加快脚步走路。待走得远了，夏先生还要追着关照："铜钿少用些！"学生一方面笑他，一方面实在感激他，敬爱他。

夏丏尊先生在浙一师教国文，也就是现在称为语文的课程。那时"五四"运动将近，学生却还没有摆脱八股文的影响，学校的教学也是老套套，作文题大都是《黄花主人致无肠公子书》之类的空话，其实也就是"菊花写信给螃蟹"那种无聊的文字。夏先生主张改革，他要求学生写一篇"自述"，并特别关照不许讲空话，要老老实实写。但有的学生仍然不能

抛却以前所受教育的影响,如一位同学写他父亲死后他去奔丧,仍套用"星夜匍匐奔丧"等句子,夏先生在分析作文时苦笑着问:"你那天晚上真个是在地上爬去的?"引得教室里哄堂大笑。对于夏先生这种积极的革新主张,同学们感到新奇与懵懂,同时对夏先生的改革魄力深感佩服,而丰子恺却迅速领悟到,原来写文章不一定要因循守旧,完全可以抛弃八股文的写作方式,想到什么,就可以如实地真情地写出来。

从此,在夏丏尊先生几乎可以说是手把手的指导与帮助下,丰子恺毫无顾忌地发挥他的写作才能,他的散文集《缘缘堂随笔》,就是受到了夏先生这次大胆革新的影响而诞生的。丰子恺在《旧话》一文中就有过这样的描述:

> 夏先生常指示我读什么书,或拿含有好文章的书给我看,在我最感受用。他看了我的文章,有时皱着眉头叫道:"这文章有毛病呢!""这文章不是这样作的!"有时微笑点头而说道:"文章好呀……"我的文章完全是在他这种话下练习起来。

后来,直到丰子恺的随笔创作炉火纯青之时,每当他写完一篇文章后,还是会情不自禁地想道:"不知这篇东西夏先生看了怎么说。"

1922年秋,丰子恺应夏丏尊先生的邀请,来到浙江上虞的白马湖畔的春晖中学执教。当时,教师们都住在春晖中学旁的白马湖畔,几家贴邻,互相往来都十分方便。丰先生的"小杨柳屋"隔壁就是夏先生的"平屋",所以他们经常在一起饮酒、谈心、聊天。夏先生热情好客,时常是满屋子都响彻着他爽朗的笑声。有时又聚集到丰先生的小杨柳屋,买来的一坛坛绍兴酒都是大家轮流开坛的,据说开了一坛那是必定要喝完的。

喝着绍兴酒,看着丰子恺"像骰子一样的"小门厅四壁贴着的小画,夏丏尊提高了嗓门:"好!好!再画!再画!"在当时,这些小画还没有冠上"子恺漫画"的名头,中国也没有"漫画"这个名词、这个称呼。这些都是丰先生在春晖中学漫长的校务会议时,他不去静听人家发言,却仔细观察那些或垂头拱手或趴伏桌上的同事们倦怠的姿势,直至校务会议散会,回到家里就随手用毛笔把这些人的姿态一一画出来。夏先生看着非常喜爱,便邀请丰先生为他的译作《爱的教育》配插图。

由夏丏尊先生来翻译《爱的教育》,是极其恰当的,因为

刘薰宇

丰子恺

夏丏尊

朱自清　　　　匡互生　　　　冯三昧

夏先生是个多愁善感的人。丰先生说他看见世间的一切不快、不安、不真、不善、不美的状态，都要皱眉，叹气。他不但忧自家，又忧友，忧校，忧店，忧国，忧世。夏丏尊先生对于教育，却是倾心投入，对于学生，是真心相爱，因此可以说他是以自己的一生，来践行"爱的教育"的理想。

经亨颐

夏丏尊翻译《爱的教育》，是参考日语和英语两个版本翻译的。这是一部日记体小说，由91篇日记和九篇教师的"每月例话"组成，每译完一篇，同事刘薰宇、朱自清等都来争当第一读者，而夏丏尊总是叮嘱他们"务尽校正之劳"。最后轮到

的是丰子恺，他边读边思考怎样完成夏老师布置的任务——为译作配上合适的插图、画一幅意大利原书作者亚米契斯的肖像，以及设计绘制封面。《爱的教育》先是在《东方杂志》上连载，再由商务印书馆出单行本。

2 《文学周报》与《子恺漫画》

———— 郑振铎

《子恺漫画》序

中国现代的画家与他们的作品，能引动我的注意的很少，所以我不常去看什么展览会，在我的好友中，画家也只寥寥的几个。近一年来，子恺和他的漫画，却使我感到深挚的兴趣。我先与子恺的作品认识，以后才认识他自己。第一次的见面，是在《我们的七月》上。他的一幅漫画《人散后，一钩新月天如水》，立刻引起我的注意。虽然是疏朗的几笔墨痕，画着一道卷上的芦帘、一个放在廊边的小桌，桌上是一把壶、几个杯，天上是一钩新月，我的情思却被他带到一个诗的仙境，我的心上感到一种说不出的美感，这时所得的印象，较之我读那首《千秋岁》

（谢无逸作，咏夏景）①为尤深。实在的，子恺不惟复写那首古词的情调而已，直已把它化成一幅更足迷人的仙境图了。从那时起，我记下了"子恺"的名字。佩弦到白马湖去，我曾向他问起子恺的消息。后来，子恺到了上海，恰好《文学周报》里要用插图，我便想到子恺的漫画，请愈之去要了几幅来。隔了几时，又去要了几幅来。如此地要了好几次。这些漫画，没有一幅不使我生一种新鲜的趣味。我尝把它们放在一处展阅，竟能暂忘了现实的苦闷生活。有一次，在许多的富于诗意的漫画中，他附了一幅《买粽子》，这幅上海生活的断片的写真，又使我惊骇于子恺的写实手段的高超。我既已屡屡与子恺的作品相见，便常与愈之说，想和子恺他自己谈谈。有一天，他果然来了。他的面貌清秀而恳挚，他的态度很谦恭，却不会说什么客套话，常常讷讷的，言若不能出诸口。我问他一句，他才朴质地答一句。这使我想起四年前与圣陶初相见的情景。我自觉为他所征服，正如四年前为圣陶所征服一样。我们虽没谈很多的话，然我相信，我们都已深切地互相认识了。隔了几天，我写信给他道："你的漫画，我们都极欢喜，可以出一个集子吗？"他回信道："我这里还有许多，请你来选择一下。"一个星期日，我便和圣陶、愈之他们同到江湾立达学园去看画。他把他的漫画一幅幅立在玻璃窗格上，窗格上放满了，桌上还有好些。我们看了这一幅

---

① [宋]谢逸《千秋岁·咏夏景》："楝花飘砌，蔌蔌清香细。梅雨过，萍风起。情随湘水远，梦绕吴峰翠。琴书倦，鹧鸪唤起南窗睡。密意无人寄，幽恨凭谁洗？修竹畔，疏帘里。歌余尘拂扇，舞罢风掀袂。人散后，一钩淡月天如水。"——编者

又看了那一幅,震骇他的表现的谐美,与情调的复难,正如一个贫窭的孩子,进了一家无所不有的玩具店,只觉得目眩五色,什么都是好的。我道:"子恺我没有选择的能力,你自己选给我罢。"他道:"可以,有不好的,你再拣出罢。"这时学园里的许多同事与学生都跑进来看。这个小小的展览会里,充满了亲切、喜悦与满足

的空气。我不曾见过比这个更有趣的一个展览会。当我坐火车回家时,手里夹着一大捆的子恺的漫画,心里感着一种新鲜的如占领了一块新地般的愉悦。回家后,细细把子恺的画再看几次,又与圣陶、雁冰同看,觉得实在没有什么可弃的东西,结果只除去了我们以为不大好的三幅——其中还有一幅是子恺自己说要不得的——其余的都刊载在这个集子里,排列的次序,也是照子恺自己所定的。

一九二五年十一月九日

郑振铎

背后的故事

郑振铎与丰子恺同年，一位作家一位画家，在他们二十七岁的时候，是漫画拉近了他们的距离。丰子恺与郑振铎的交往始于郑振铎和茅盾等发起组织的"文学研究会"，这朋友一交就是数十年。

1925年，在郑振铎主编的《文学周报》上出现了多幅署名TK的生活小画作，这些画造型简括，画风朴实，充满哲理和生活情趣，郑振铎还特意加上了"子恺漫画"题头。尽管"漫画"二字是在日本最初创用，但在中国，冠以"漫画"名称的画作普及始于丰子恺。

随着小漫画的不断发表，郑振铎对丰子恺漫画越来越感兴趣。当时《文学周报》正好需要插图，于是郑振铎一次又一次地向丰子恺要画。插图越画越多，刊物越来越受读者欢迎，《文学周报》社索性计划为丰子恺出版一本漫画集。1925年12月，《子恺漫画》如期出版，这是丰子恺最早问世的漫画集。为画集作序者阵容庞大，有郑振铎、夏丏尊、丁衍镛、朱自清、方光焘、刘薰宇，俞平伯写跋。

丰子恺再次与郑振铎豪饮畅谈是在1948年，当时丰子恺全家居住在西湖边。

"我们再吃酒！"

"好，不要什么菜蔬。"

说不要菜蔬，女仆还是端来了酱鸭、酱肉、皮蛋和花生米，放在收音机旁的方桌上。更好的菜蔬还有，那就是方桌上方贴

着丰子恺抄写的数学家苏步青的诗:

    草草杯盘共一欢,莫因柴米话辛酸。
    春风已绿门前草,且耐余寒放眼看。

  有了这诗,酒味更加好,在丰子恺看来,觉得世间最好的酒肴,莫如诗句。然而另外还有一种美味的酒肴,那就是阔别十年后的话旧。

  虽然在两人见面前刚刚各自饮过一斤黄酒,现在是添酒回灯重开宴。八年离乱身经浩劫,郑振铎沦陷在孤岛上,丰子恺携全家奔走于万山中……他们谈到

二十余年前郑振铎在宝山路商务印书馆当编辑,丰子恺在江湾立达学园教课时的事,可惊可喜、可歌可泣,越谈越多。谈到酒酣耳热的时候,话声都变了呼号叫啸,把睡在隔壁房间里的人都惊醒。

  那天晚上郑振铎见到了《子恺漫画》里的三个主角:阿宝、软软和瞻瞻,而《花生米不满足》《瞻瞻新官人,软软新娘子,宝姐姐做媒人》《阿宝两只脚,凳子四只脚》等画,都是二十三年前郑振铎从丰子恺家的墙壁上揭去,制了锌板在《文

学周报》上发表的。"昔别君未婚，儿女忽成行"，岁月蹉跎，彼此感叹不已。

兴奋之余他们还回忆起了二十余年前的一件趣事：有一次丰子恺和郑振铎在南京路吃西餐，郑振铎没带钱，丰子恺立即掏出五元钱买单。过了一天郑振铎到江湾去看丰子恺，摸出一张十元——而不是五元——说是要还钱，推搡之间立达同事刘薰宇抢了这张钞票去，号召了夏丏尊先生、匡互生、方光焘等七八个人到新江湾小店里去吃酒，吃完这张十元钞票时，大家都已烂醉。

回忆此情此景，历历在目，两人共叹夏先生和匡互生均已作古，其他几位远在他方，只有他们能在西湖边共饮，真是人世难得之事！夜阑饮散，春雨绵绵，郑振铎撑着丰子恺借给他的伞在细雨中沿着湖畔柳荫渐渐远去，丰子恺却在幽默地想："他明天不要拿两把伞来还我！"

这场湖边话旧带给两位文人更深的友谊，丰子恺感叹于此，写下了传世美篇《湖畔夜饮》。

1958年郑振铎飞机失事不幸遇难，丰子恺悲叹"尸骨不返，殊可哀悼"。半个多世纪之后，在上海青浦福寿园，不知有心还是无意，两位文人的衣冠冢紧紧相邻，天上的"湖畔夜饮"还在继续。

附：

湖畔夜饮[1]

丰子恺

前天晚上,四位来西湖游春的朋友,在我的湖畔小屋里饮酒。酒阑人散,皓月当空。湖水如镜,花影满堤。我送客出门,舍不得这湖上的春月,也向湖畔散步去了。柳荫下一条石凳,空着等我去坐。我就坐了,想起小时在学校里唱的春月歌:"春夜有明月,都作欢喜相。每当灯火中,团团清辉上。人月交相庆,花月并生光。有酒不得饮,举杯献高堂。"觉得这歌词温柔敦厚,可爱得很!又念现在的小学生,唱的歌粗浅俚鄙,没有福分唱这样的好歌,可惜得很!回味那歌的最后两句,觉得我高堂惧亡,虽有美酒,无处可献,又感伤得很!三个"得很"逼得我立起身来,缓步回家。不然,恐怕把老泪掉在湖堤上,要被月魄花灵所笑了。

回进家门,家中人说,我送客出门之后,有一上海客人来访,其人名叫CT[2],住在葛岭饭店。家中人告诉他,我在湖畔看月,他就向湖畔去找我了。这是半小时以前的事,此刻时钟已指十时半。我想,CT找我不到,一定已经回旅馆去歇息了。当夜我就不去找他,管自睡觉了。第二天早晨,我到葛岭饭店去找他,

---

[1] 曾载1948年4月16日《论语》第151期。——原编者注
[2] CT,指郑振铎。——原编者注

他已经出门,茶役正在打扫他的房间。我留了一张名片,请他正午或晚上来我家共饮。正午,他没有来。晚上,他又没有来。料想他这上海人难得到杭州来,一见西湖,就整日寻花问柳,不回旅馆,没有看见我留在旅馆里的名片。我就独酌,照例倾尽一斤。黄昏八点钟,我正在酩酊之余,CT来了。阔别十年,身经浩劫,他反而胖了,反而年轻了。他说我也还是老样子。不过头发白些。"十年离乱后,长大一相逢;问姓惊初见,称名忆旧容。"这诗句虽好,我们可以不唱。略略几句寒暄之后,我问他吃夜饭没有。他说,他是在湖滨吃了夜饭,——也饮一斤酒,——不回旅馆,一直来看我的。我留在他旅馆里的名片,他根本没有看到。我肚里的一斤酒,在这位青年时代共我在上海豪饮的老朋友面前,立刻消解得干干净净,清清醒醒。我说:"我们再吃酒!"他说:"好,不要什么菜蔬。"窗外有些微雨,月色朦胧。西湖不像昨夜的开颜发艳,却有另一种轻颦浅笑、温润静穆的姿态。昨夜宜于到湖边步月,今夜宜于在灯前和老友共饮。"夜雨剪春韭",多么动人的诗句!可惜我没有家园,不曾种韭。即使我有园种韭,这晚上也不想去剪来和CT下酒。因为实际的韭菜,远不及诗中的韭菜好吃。照诗句实行,是多么愚笨的事呀!

  女仆端了一壶酒和四只盆子出来,酱鸭、酱肉、皮蛋和花生米,放在收音机旁的方桌上。我和CT就对坐饮酒。收音机上面的墙上,正好贴着一首我写的,数学家苏步青的诗:"草草杯盘共一欢,莫因柴米话辛酸。春风已绿门前草,且耐余寒放眼看。"有了这诗,酒味特别好。我觉得世间最好的酒肴,莫如诗句。而数学家的诗句,滋味尤为纯正。因为我又觉得,别的事都可有专家,而诗不可有专家。因为作诗就是做人。人做得好的,诗也作得好。倘说作诗有专家,非专家不能作诗,就好比说做人有专家,非专家不能做人,岂不可笑?因此,有些"专家"的诗,我不爱读。因为他们往往爱用古典,蹈袭传统;咬文嚼字,卖弄玄虚;扭扭捏捏,装腔作势;甚至神经过敏,出神见鬼。而非专家的诗,倒是直直落落,明明白白,天真自然纯正朴茂,可爱得很。樽前有了苏步青的诗,桌上酱鸭、酱肉、皮蛋和花生米,味同嚼蜡;唾弃不足惜了!

我和CT共饮,另外还有一种美味的酒肴!就是话旧。阔别十年,身经浩劫。他沦陷在孤岛上,我奔走于万山中。可惊可喜、可歌可泣的话,越谈越多。谈到酒酣耳热的时候,话声都变了呼号叫啸,把睡在隔壁房间里的人都惊醒。谈到二十余年前他在宝山路商务印书馆当编辑,我在江湾立达学园教课时的事,他要看看我的子女阿宝、软软和瞻瞻——《子恺漫画》里的三个主角,幼时他都见过的。瞻瞻现在叫作丰华瞻,正在北平北大研究院,我叫不到,阿宝和软软现在叫丰陈宝和丰宁馨,已经大学毕业而在中学教课了,此刻正在厢房里和她们的弟妹们练习平剧〔京剧〕!我就喊她们来"参见"。CT用手在桌子旁边的地上比比,说:"我在江湾看见你们时,只有这么高。"她们笑了,我们也笑了。这种笑的滋味,半甜半苦,半喜半悲。所谓"人生的滋味",在这里可以浓烈地尝到。CT

叫阿宝"大小姐",叫软软"三小姐"。我说:"《花生米不满足》《瞻瞻新官人,软软新娘子,宝姐姐做媒人》《阿宝两只脚,凳子四只脚》等画,都是你从我的墙壁上揭去,制了锌板在《文学周报》上发表的。你这老前辈对她们小孩子又有什么客气?依旧叫'阿宝''软软'好了。"大家都笑。人生的滋味,在这里又浓烈地尝到了。我们就默默地干了两杯。我见CT的豪饮,不减二十余年前。我回忆起了二十余年前的一件旧事,有一天,我在日升楼①前,遇见CT。他拉住我的手说:"子恺,我们吃西菜去。"我说:"好的。"他就同我向西走,走到新世界②对面的晋隆西菜馆楼上,点了两客公司菜,外加一瓶白兰地。吃完之后,仆欧③送账单来。CT对我说:"你身上有钱吗?"我说:"有!"摸出一张五元钞票来。把账付了。于是一同下楼,各自回家——他回到闸北,我回到江湾。过了一天,CT到江湾来看我,摸出一张十元钞票来,说:"前天要你付账,今天我还你。"我惊奇而又发笑,说:"账回过算了,何必还我?更何必加倍还我呢?"我定要把十元钞票塞进他的西装袋里去,他定要拒绝。坐在旁边的立达同事刘薰宇,就过来抢了这张钞票去,说:"不要客气,拿到新江湾小店里去吃酒吧!"大家赞成。于是号召了七八个人,夏丏尊先生、匡互生、

---

① 日升楼,当时上海一家有名的茶馆,位于南京路浙江路口。(由于这一带十分繁华,后来人们往往以"日升楼"泛指这一地带。)——原编者注
② 新世界,当时上海一个游乐场的名称。——原编者注
③ 仆欧,英文 boy 的译音,意即侍者。——原编者注

方光焘①都在内,到新江湾的小酒店里去吃酒。吃完这张十元钞票时,大家都已烂醉了。此情此景,憬然在目。如今夏先生和匡互生均已作古,刘薰宇远在贵阳,方光焘不知又在何处。只有CT仍旧在这里和我共饮。这岂非人世难得之事!我们又浮两大白。

夜阑饮散,春雨绵绵。我留CT宿在我家,他一定要回旅馆。我给他一把伞,看他的高大的身子在湖畔柳荫下的细雨中渐渐地消失了。我想:"他明天不要拿两把伞来还我!"

卅七〔1948〕年三月廿八日夜于湖畔小屋。

---

① 夏丏尊、匡互生、方光焘,皆作者在立达学园的同事,其中夏丏尊又是作者在浙江省立第一师范的老师,匡互生为立达学园创办人。——原编者注

3 诗中有画,画中有诗

— 俞平伯

《子恺漫画》跋

子恺先生:

听说您的"漫画"要结集起来和世人相见,这是可欢喜的事。嘱我作序,惭愧我是"画"的门外汉,真是无从说起。现在以这短笺奉复,把想得到的说了,是序是跋谁还理会呢。

我不曾见过您,但是仿佛认识您的,我早已有缘拜识您那微妙的心灵了。子恺君!您的轮廓于我是朦胧的,而您的心影我却是透熟的。从您的画稿中,曾清切地反映出您自己的影儿,我如何不见呢?以此推之,则《子恺漫画》刊行以后,它会介绍无量数新朋友给您,一面又会把您介绍给普天下的有情眷属。"乐莫乐兮新相知。"我替您乐了。

早已说过,我是门外汉,除掉向您道贺以外,不配说什么别的。

但您既在戎马仓皇的时节老远地寄信来，则似乎要牵惹我的闲话来，我又何能坚拒？

中国的画与诗通，而在西洋似不尽然。自元以来，贵重士夫之画，其蔽不浅，无可讳言。但从另一方面看，元明的画确在宋院画以外别辟蹊径。它们的特长，就是融诗入画。画中有诗是否画的正轨，我不得知；但在我自己，确喜欢仍诗情的画。它们更能使我邈然意远，悠然神往。

您是学西洋画的，然而画格旁通于诗。所谓"漫画"，在中国实是一创格；既有中国画风的萧疏淡远，又不失西洋画的活泼酣恣。虽是一时兴到之笔，而其妙正在随意挥洒。譬如青天行白云，卷舒自如，不求工巧，而工巧殆无以过之。看它只是疏朗朗的几笔似乎很粗率，然物类的神态悉落彀中。这绝不是我一人的私见，您尽可以相信得过。

以诗题作画料，自古有之；然而借西洋画的笔调写中国诗境的，以我所知尚未曾有。有之，自足下始。尝试的成功或否，您最好请教您的同行去，别来问我。我只告诉您，我爱这一派画。——是真爱。只看《忆》中，我拖您的妙染下水，为歪诗遮羞，那便是一个老大的证据。

一片片的落英都含蓄着人间的情味，那便是我看了《子恺漫画》所感。——"看"画是杀风景的，当说"读"画才对，况您的画本就是您的诗。

平伯敬上
一九二五年十一月一日北京

背后的故事

　　俞平伯是散文家、红学家，新文学运动初期的诗人，中国白话诗创作的先驱者之一，清代朴学大师俞樾曾孙，与胡适并称"新红学派"的创始人。1900年出生，浙江湖州德清人，比丰子恺小两岁，湖州与丰子恺故乡桐乡毗邻，两人又有同乡之谊。

　　丰子恺与俞平伯的友谊缘起在1924年春，为访好友朱自清，俞平伯曾到过白马湖畔，还应夏丏尊之请，给春晖中学师生作了题为《诗的方便》的讲演。其间，俞平伯还与朱自清等人商定办一个不定期刊物：哪一个月出版，就称《我们的×月》，这就有了《我们的七月》（1924）与《我们的六月》（1925）的面世。俞平伯此回到白马湖很遗憾没能见到丰子恺，据说那段时间丰子恺正好在外地，俞平伯将离开白马湖的时候，为了让他留下美好的记忆，夏丏尊特意送给他一匣由丰子恺设计作图的春晖信纸。谁料这信纸成了信物，成了缘的念想，俞平伯手捧着一匣春晖信纸竟然让俞平伯与丰子恺结下了不解之缘。

　　朱自清请丰子恺为《我们的七月》设计了封面，又把他的漫画《人散后，一钩新月天如水》发表在刊物上。可说这是丰子恺正式发表的漫画作品，也是他的成名之作，清朗的画面、舒朗的线条、悠长隽永的意境，突显了丰子恺漫画诗一般的风格魅力。当时俞平伯恐怕未曾想到，在他与朱自清创办的《我们的七月》里走出了中国漫画第一人，因为《我们的七月》刊登了《人散后，一钩新月天如水》，然而才有了《文学周报》

上的大批丰子恺漫画，再后就有了集结的《子恺漫画》和俞平伯写的《跋文》，从俞平伯开始又轮回到俞平伯，走了一个圆，一个"缘"的圆。

在一般读者的心目中，俞平伯是个严谨的学者与红学家。其实，他在青年时代不仅是一位对新诗创作有过特别贡献的诗人，而且写过许多童心洋溢的儿童诗。长期以来

人们并不清楚，俞平伯的新诗集《忆》是我国第一部描写儿童生活的诗集，是俞平伯成年后追忆往昔、捕捉童趣的一系列诗作，足可与胡适第一部白话新诗集《尝试集》相提并称的。《忆》其实已是俞平伯的第三本新诗集，当《忆》在1925年12月由北京朴社出版后，马上得到了"双美"之誉，所谓"双美"即书的内容美和书的装帧美。关于《忆》一书的内容美，俞平伯的这些小诗一共有36首，这些诗不仅仅展示出童心世界的单纯与美好，也是成人世界的一种折射；与其说是写给儿童阅读的，不如说更能够让每个成年人读后，勾起儿时一段往事的回忆：

门前软软的绿草地上,
时有叫卖者来。
"桂花白糖粥!"
声音是白而甜的。
"酒酿——酒!"
声音是微酸而涩的。
我们一听便知道了,
这本太分明了。

如空跑到草地上,
没有钱去买来吃;
他们会到隔巷中去吆唤,不理我们的。
糖粥担儿上敲着:"阁!阁!阁!"
又慢,又软,又沙的是:"酒酿——酒——"

当时北京朴社在出版《忆》时曾刊出广告介绍:"这是他(俞平伯)回忆幼年时代的诗篇,共三十六篇。仙境似的灵妙,芳春似的清丽,由丰子恺先生吟咏诗意,作为画题,成五彩图十八幅,附在篇中。后有朱佩弦(朱自清)先生的跋。他的散文是谁都爱悦的。全书由作者自书,连史纸影印,丝线装订,封面图案孙福熙先生手笔。这样无美不备,洵可谓艺术的出版物。先不说内容,光是这样的装帧,在新文学史上也是不多见的。"

这虽说是广告,但倒是实话实说,绝不是溢美之词。俞平伯的诗、丰子恺的画、朱自清写的跋,全书均由作者毛笔手书,这的确是新文学史、出版史上的艺术珍品;更难得的是,《忆》是一部描写儿童生活的诗集,这更是现代儿童文学史上的艺术珍品,堪称诗、书、画三绝!

书中附有丰子恺所作的彩墨插图十八幅,这是较为稀见的丰子恺早期画作,除契合俞平伯回忆童年生活的诗作以外,显示了丰子恺画作趣雅和童真的一面。就连一向清高的周作人也大加襃扬,他在《〈忆〉的装订》中写道:"《忆》里边有丰子恺君的插画十八幅,这种插画在中国也是不常见的……""这诗集的装订都是很好的。""从春台借了《忆》来看的第二天,便跑到青云阁去买了一本来,因为我很喜欢这本小诗集。"

丰子恺用他的生花妙笔使俞平伯的诗句活泼灵动了起来,使文字有了质感,有了童心的温度,有了人间情味,丰子恺的画居然能把从糖粥小贩嘴里喊出来的"桂花白糖粥"那五个字,变成画中的黏糊糊地洒下的粥粒!那种粥粒的黏稠和糖滴的甜蜜,把"桂花白糖粥"化作了眼中景、舌尖味、心中情。此诗此画契配得如此妙不可言,真如朱自清所赞:实在是"双美"的杰作,"我们不但能用我们的心眼看见平伯的梦,更能用我们的肉眼看见那些梦"。这正是丰子恺与俞平伯诗情画《忆》的缘!

差不多在1925年12月俞平伯的新诗集《忆》出版的同时,丰子恺的《子恺漫画》也出版了,俞平伯的《忆》是丰子恺画的插图,丰子恺的《子恺漫画》正是俞平伯写的《跋》,两位大师的文墨之缘可见一斑。

在以后漫长的岁月里,俞平伯与丰子恺只在他们各自的晚年才在北京的文代会上见过一次面。历经沧桑后,白头相见京城的两位老人此时才把"神交"变成一次相拥相抱和握手畅叙。俞平伯在晚年还与丰子恺的女儿丰一吟保持通信联系,对他与丰子恺的这些有缘往事记忆犹新,83岁的他在信中用规整的毛笔字写道:"小诗集《忆》,承宠赐插图,多费螺黛而声价倍增,至今感纫。"还说:丰子恺的"漫画久已驰名寰宇,而我是早岁致赏之一人。"

丰先生有个徽号"丰柳燕",而赠送他这个徽号的不是别人,就是俞平伯。俞平伯十分喜爱丰子恺的漫画,他看过许多丰子恺的漫画,觉得在丰子恺的漫画里,柳树和燕子出现的频率很高,而且画得特别生机盎然。活泼的柳条风中舞,轻盈的燕子语呢喃,有声有色有意有境,于是俞平伯就送了丰子恺这个

"丰柳燕"的徽号。"丰柳燕"真是个风雅至极、充满诗情画意的徽号。有人用谐音把"丰柳燕"读成"风流矣",好有趣味!就凭这"丰柳燕"三字,足可知俞平伯真是丰子恺的一位嘉友知音。现在丰子恺与俞平伯已相继作古,但他们两人的文墨之缘就像俞平伯赞美丰子恺的漫画那样,就像一片片的落英都含蓄着人间的情味……

4 "出人意外,入人意中"

——叶圣陶

序

今年春上,一吟陪伴广洽法师来北京,她告诉我浙江人民出版社决定出版她父亲的文集[①],要我给写一篇序。为已故的老朋友的文集写序文是我应尽的责任,何况这是子恺兄的文集,我一口答应了。过了两个月,我收到《丰子恺文集》的拟目,是陈宝䇹写的,字又大又工整,她知道我的眼睛几乎不管用了,因而竭

[①] 现由浙江文艺出版社和浙江教育出版社出版。——原编者注

力为我着想，给我方便。拟目分三卷：散文一卷，艺术一卷，包括音乐绘画诸方面，此外诗词、书信加上年谱、著作目录合为一卷。为子恺兄编这样一部三卷集，我认为非常合适；其中艺术一卷是必不可少的[①]。在三十年代，子恺兄为普及音乐绘画等艺术知识写了不少文章，编了好几本书，使一代的知识青年，连我这个中年人也包括在内，受到了这些方面很好的启蒙教育。他的那些文章大多发表在《中学生》上，而我是《中学生》的编辑，是那些文章的第一个读者，至今还记得当时感到的愉悦并不亚于读他的其他散文。所以我想，现在把他谈艺术的文章编成一卷出版，一定受到读者的欢迎。

  子恺兄的散文的风格跟他的漫画十分相似，或者竟可以说是同一的事物，只是表现的方式不同罢了，散文利用语言文字，漫画利用线条色彩。子恺兄的漫画在技巧上自有他的特色，而最大的特色我以为还在于选择题材。我曾经用诗家惯说的两句话评他的漫画，就是"出人意外，入人意中"。"出人意外"是说他漫画的题材大多是别人没有画过的，因而给人一种新鲜的感受；"入人意中"是说这些题材不论从古人的诗词中或者从现实生活中取来，几乎都是大家曾经感受过的，因而使人感到亲切。这两句话用来评子恺兄的散文，我认为同样合适。读他的散文真像跟他谈心一个样，其中有些话简直分不清是他在说还是我在说。像这样读者和作者融合为一体的境界，我想不光是我一个人，凡是细心

[①] 最后确定为现在的二卷集：艺术卷（四册）、文学卷（三册）。初拟时的第三卷（加入日记）并入第二卷。——原编者注

的读者都能体会到的。

　　我跟子恺兄相识在二十年代初，最先是看他的漫画，其次倾慕他的为人，随后是阅读和校对他的各种文篇。六十年前的事儿，回想起来已经渺茫了。当时在上海，彼此都年轻，相聚的机会挺多，不觉得怎么值得珍惜，因而许多事儿都淡忘了。后来抗战爆发，我与子恺兄同其心情，同其命运，我们都离开了故乡。我带了一家老小告别了苏州青石的新居，不作得以回去的打算；他带了一家老小告别了石门湾的缘缘堂，也不打算得以回去。我进了四川，从重庆搬到乐山，又搬到成都；他先到江西，又经湖南绕道广西，进入贵州，最后也到了四川。他走的路比我多，所受的辛苦比我多。我知道在那个伟大的时代，他不会斤斤计较个人的遭遇的，但是作为他的朋友，要不对他朝思暮想那是办不到的。一九四二年春天，我从成都去桂林，当时子恺兄住在遵义乡间，我只想路过遵义的时候能见他一面，没料到搭乘的运货汽车随处"抛锚"，到遵义却一冲而过，没有停留。直到一九四四年的秋天，我又从成都去重庆，那时候子恺兄已经搬到重庆住在沙坪坝了，他听说我到了，特地进城来看我。七年不相见，他须发都花白了，但是精神挺好，六天以后我去沙坪坝，贺昌群兄陪我去看他。我在那天的日记上这样记着："途中望四山俱为云封，似雨意郁不得开。……小径泥泞，颇不易走。望见一小屋，一树芭蕉，鸽箱悬于屋檐，知此是矣。入门，子恺方偃卧看书，其子女见客至，皆欢然。闲谈之顷，阳光微露，晚晴之际访旧，似别有情趣。傍晚饮酒，子恺意兴奋，斟酒甚勤。余闻子恺所藏留声机片有一昆曲片……开机而共听之。……自昆曲转而谈宗教，谈艺术，谈人生，意兴飙举，语各如泉,酒亦屡增。三人竟尽四瓶,子恺有醉意矣。共谓如此良会不易得,一夕欢畅,如获十年之聚首。余知子恺有寂寞之感矣。"那天是九月十二日。以后在成都,在上海,在北京,跟子恺兄有多次会面,但是印象都不及那一次的深。

印象如此之深的会面按说应该还有一次,谁知道竟像路过遵义那样错过了,那是被迫错过的。"文革"起来了,许多老朋友遭到了"横扫",子恺兄也在其中。我能够看到的只是报刊上堂而皇之发表的所谓"批判"文章,因而我还在想,对一位须发苍苍的老人,他们该不至于处之过甚吧。谁知道不然,子恺兄也被"踏上一只脚,叫他永世不得翻身"。一九七三年初夏,中央统战部组织一部分民主人士去华东参观,这是周总理的主意,同去的一群中有胡愈之兄和杨东莼兄。当时听说上海一部分老朋友的问题已经"搞清楚",让他们回家去住了。我们三个到了上海就提出想见一见巴金兄、子恺兄,还有周予同兄。一九七三年,上海还是"四人帮"的天下,我们得到的回答是"周予同可以去看,至于巴金和丰子恺,文艺界的情况太复杂,还是不去看为好"。"还是……为好"的潜台词是什么,我们是懂得的,于是不再说什么。我们去看了予同兄。予同兄瘫卧在床上,他早已不能说话了,只眼睁睁地盯着我们看。听说巴金兄、子恺兄健康状况还好,那时候想日后总会有见面的日子。后来初次重见巴金兄,当时的心情只有用"悲欣交集"四个字来形容。至于子恺兄,他连"四人帮"倒台的日子都没有挨到,再见一面的希望终于成为泡影了。

在《丰子恺文集》就要付排的时候,我干吗还要提起这件不愉快的往事呢?我应该为广大读者高兴,预祝他们能从子恺兄的著作中随处得到会心的愉悦，就像我曾经得到的一个样。可惜的是我的目力实在不济了，不可能一边重读子恺兄的著作，一边细细回味几十年间跟他的友情了。

一九八二年岁尽日

背后的故事

叶圣陶，原名叶绍钧，又名叶锦，1894年生，江苏苏州人，是我国杰出的现代作家、教育家、文学出版家和社会活动家，有"优秀的语言艺术家"之称。丰子恺，早年名丰润，1898年生，叶圣陶比丰子恺大四岁，一个属马，一个属狗，两位大师默契配合，为新文化、进步文艺真是效了犬马之劳！

1925年，《文学周报》上经常有丰子恺漫画作品发表，深受郑振铎的激赏，一心要收集丰子恺的漫画。叶圣陶帮助郑振铎，参与《子恺漫画》的选画工作。可以说，丰子恺第一部漫画集《子恺漫画》的问世，叶圣陶是主要的参与者之一。也是从这时候开始，丰子恺与叶圣陶从同事成了知心的朋友。还是在那年，立达中学、立达学会成立，丰子恺是创办、创始者之一，叶圣陶是学会会员，丰子恺与叶圣陶都热爱儿童，致力于儿童文学创作，两人意趣相投。

1927年秋，通过丰子恺的介绍叶圣陶与弘一大师相识。叶圣陶在1927年秋写的《两法师》一文明白地讲到这样的因缘：

"于是，不免向子恺先生询问关于弘一法师的种种。承他详细见告。十分感兴趣之余，自然来了见一见的愿望，便向子恺先生说起了。'好的，待有机缘，我同你去见他。'"

1931年，丰子恺为叶圣陶的《古代英雄的石像》配插图，并作读后感一文。丰子恺在文中说："人们常常说，图画比文章容易使人感动。但我总觉得不然。图画只能表示静止的一瞬间的外部的形态，文章则可写出活动的经过及内容的意义。况言语为日常惯用之物，自比形色容易动人。最近我为圣陶兄的童话描写插画，更切实地感到这一点。圣陶兄来信嘱我为他的童话描写插画。我接信时就感到高兴，因为我对他的童话已有夙缘。"

1931年，叶圣陶进入开明书店，从事编辑工作。这期

间,他做了一件非常重要的事,那就是编写了一套小学生《开明国语课本》,由上海开明书店出版发行。叶圣陶在编写这套教材时,有几个与众不同:第一,他是一个综合素养极高的人,他是作家,写过书;也是教师,教过学生;还是编辑,编辑过书。他对课本的品质、品位追求卓尔不凡。第二,叶圣陶在编写课本时,自己创作、自己编辑,甚至自己设计。叶圣陶又力邀大画家丰子恺加盟,丰子恺不但为每篇课文精心绘制了插图,而且还用了小孩子们喜欢的规整的正楷手写体书写了课文文字。这套精心制作的教材,上市后受到教育界的普遍赞誉。叶圣陶和丰子恺得到极大鼓舞,1934年,他们再次合作又完成了高等小学用的四册国语课本。这套课本初小八册,高小四册,共四百来篇,课文内容还有寓言故事、笑话趣闻、历史传说和儿童歌谣等,课文的编写取材丰富,涉及众多方面。全套教材充分反映了两位的教育思想和编撰制作艺术,所有课文都充满童心和童趣。叶圣陶曾说:"给孩子们编写语文课本,当然要着眼于培养他们的阅读能力和写作能力,因而教材必须符合语文训练的规律和程序。但是这还不够。小学生是儿童,他们的语文课本必是儿童文学,才能引起他们的兴趣,使他们乐于阅读,从而发展他们多方面的智慧。"

1936年初,开明书店为纪念开办十周年,创刊《新少年》杂志,丰子恺与叶圣陶都担任编辑并经常为杂志撰稿。丰子恺在创刊号上发表童话《小钞票历险记》、美术故事《贺年》以及多幅插图。1937年的《新少年》还用了半年时间连载丰子恺的《音乐故事》11篇。

《新少年》封面

《小钞票历险记》插图

抗战全面爆发后,丰子恺和叶圣陶均避难到内地。八年流亡,烽火连天,两人难得见面,但他们两人的心始终是牵动在一起的。

1942年春,丰子恺在遵义收到叶圣陶的信和一首诗,当时叶圣陶正由成都赶往桂林,路经贵阳。因

心里惦记着多年未见的丰子恺,一心打算顺道到遵义与老友见上一面,谁料路途多险,汽车故障,浪费了时间,失去了机会,叶圣陶从投宿的小店里寄来了信和《自重庆至贵阳寄子恺遵义》的诗,表达了对老友深切的思念之情:

　　始出西南道,川黔两日间。
　　凿空纤一径,积翠俯千山。
　　负挽看挥汗,驰驱有惭颜。
　　怅然遵义县,未获扣君关。

1944年秋,丰子恺与叶圣陶在重庆见面了。叶圣陶在9月

12日的日记中记录了他与贺昌群一同去看望丰子恺的情形。(见前《序》中所引。)

叶圣陶笔下老友相聚的境、景、意、情,历历在目,读了这段文字怎不教人感动落泪。叶圣陶接着说:"那天是九月十二日。以后在成都,在上海,在北京,跟子恺兄有多次会面,但是印象都不及那一次的深。"此等"意兴奋,语如泉,酒屡增,人有醉。良宵会挚友,雅曲伴好酒"的他乡遇知己的况味,当然是印象深刻终生难忘,不只是叶圣陶,丰子恺也是一样。次年6月,开明书店在重庆召开工作会议,丰子恺知道叶圣陶一定会来,他十分期待,在给友人的信中写道:"我前日入城,为开明书店开设计会。叶绍钧由成都来到会……开会,无非是商量些生意经,我很不感兴趣,趁此机会同叶君见见而已。"可见丰子恺对叶圣陶有特殊的感情,丰子恺把设计会变成了难得的与老友的聚会机会。

据丰子恺弟子胡治钧回忆:

1947年旧历9月26日是丰子恺先生的五十虚岁诞辰，叶圣陶等开明书店同人，闻知丰先生五十寿辰，在上海发起一个为丰氏贺寿活动。这个活动可说是简单朴素，又是风雅别致。朋友中有作诗的，有填词的，也有随便说几句恰如其分的祝词，各人把自己的作品，亲笔写在一本装裱精致的册页折子上。写齐之后寄给在杭州的丰子恺先生。这份礼物确也别出心裁，是一件可贵的纪念物。我见过这本折子，并抄录了几则，记得叶圣陶的贺诗：

　　　　声名周海内，啸傲对西湖。
　　　　何以为君寿，吟诗博上娱，
　　　　崇佛情非佞，爱人德不孤。
　　　　巴山怀昔醉，此乐欲重图。

　　诗中叶圣陶还念念不忘重庆的那次"三人竟尽四瓶，子恺有醉意矣"的聚会，真想再能有一次与子恺畅饮的欢乐。

　　1949年初，叶圣陶知道丰子恺结束了台湾的行程正在厦门，他去信厦门，劝丰子恺趁早北返江南。丰子恺被叶圣陶真情所动，他曾对长女丰陈宝讲过：他虽然喜欢南国四季如春的天气，但更怀念江南四季有别、春红秋艳的富有诗情画意的天时地利。原本就有重回江南之意，这时便决定与家属回上海。

　　新中国成立后，叶圣陶担任人民教育出版社社长时，他希望丰子恺把苏联的音乐美术教育法多介绍些进来,为此,丰子恺努力学习俄文,与小女丰一吟合译了《中小学图画教育法》《音乐的基本知识》等不少教育参考书。

"文革"中叶圣陶一直牵挂着丰子恺,为老友的安危担心,1973年初夏,上面组织一部分民主人士赴华东参观,叶圣陶亦在其中。他便提出要去看望周予同、巴金和丰子恺三位……但遗憾的是,叶圣陶终于没有再见丰子恺一面。丰子恺逝世后,叶圣陶曾写过一首缅怀诗。诗曰:

> 故交又复一人逝,潇洒风神永忆渠。
> 漫画初探招共酌,新篇细校得先娱。
> 深杯剪烛沙坪坝,野店投书遵义庐。
> 十载所希归怅恨,再谋一面终成虚。

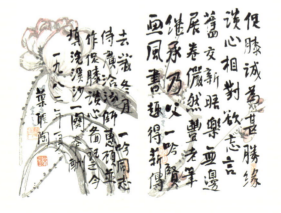

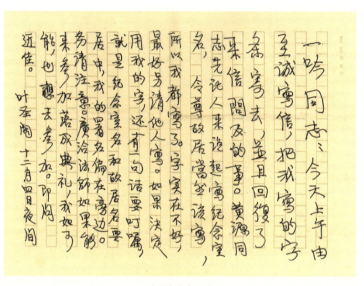

叶圣陶致丰一吟

全诗回顾了叶圣陶与丰子恺友谊的历程,写尽了对老友的不绝思念,写尽了痛失老友的怅恨悲痛,读来让人动容!

当春回神州大地时,叶圣陶又为老友之事忙碌起来。1985年缘缘堂重建落成,年过九十的他为丰子恺故居题名;1992年为丰子恺女儿丰陈宝、丰一吟编的《丰子恺文集》扉页题签,并写序。

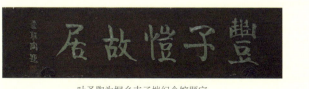

叶圣陶为桐乡丰子恺纪念馆题字

5 白马湖的黄昏
— 朱自清

《子恺漫画》跋

子恺兄：知道你的漫画将出版，正中下怀，满心欢喜。你总该记得，有一个黄昏，白马湖上的黄昏，在你那间天花板要压到头上来的、一颗骰子似的客厅里，你和我读着竹久梦二的漫画集。你告诉我那篇序做得有趣，并将其大意译给我听。我对于画，你最明白，彻头彻尾是一条门外汉。但对于漫画，却常常要像煞有介事地点头或摇头；而点头的时候总比摇头的时候多——虽没有统计，我肚里有数。

那一天我自然也乱点了一回头。点头之余，我想起初看到一本漫画，也是日本人画的。里面有一幅，题目似乎是《□□子爵の泪》（上两字已忘记），画着一个微侧的半身像：他严肃的脸上戴着眼镜，有三五颗双钩的泪珠儿，滴滴答答历历落落地从眼睛里掉下来。我同时感到伟大的压迫和轻松的愉悦，一个奇怪的矛盾！梦二的画有一幅——大约就是那画集里的第一幅——也使我有类似的感觉。那幅的题目和内容，我的记性真不争气，已经模糊得很。只记得画幅下方的左角或右角里，并排地画着极粗极肥又极短的一个"！"和一个"？"。可惜我不记得他们哥儿俩谁站在上风，谁站在下风。我明白（自己要脸）他们俩就是整个儿的人生的谜；同时又觉着像是那儿常常见着的两个胖孩子。

我心眼里又是糖浆，又是姜汁，说不上是什么味儿。无论如何，我总得惊异；涂呀抹的几笔，便造起个小世界，使你又要叹气又要笑。叹气虽是轻轻的，笑虽是微微的，似一把锋利的裁纸刀，戳到喉咙里去，便可要你的命。而且同时要笑又要叹气，真是不当人子，闹着玩儿！话说远了。现在只问老兄，那一天我和你说什么来着？——你觉得这句话有些儿来势汹汹，不易招架吗？不要紧，且看下文——我说："你可和梦二一样，将来也印一本。"你大约不曾说什么；是的，你老是不说什么的。我之所以说这句话，也并非信口开河，我是真的那么盼望着的。况且那时你的小客厅里，互相垂直的两壁上，早已排满了那小眼睛似的漫画的稿；微风穿过它们间时，几乎可以听出飒飒的声音。

我说的话，便更有把握。现在将要出版的《子恺漫画》，他可以证明我不曾说谎话。你这本集子里的画，我猜想十有八九是我见过的。我在南方和北方与几个朋友空口白嚼的时候,有时也嚼到你的漫画。我们都爱你的漫画有诗意;一幅幅的漫画,就如一首首的小诗——带核儿的小诗。你将诗的世界东一鳞西一爪地揭露出来,我们这就像吃橄榄似的,老觉着那味儿。《花生米不满足》使我们回到怠懒的儿时,《黄昏》使我们沉入悠然的静默。

你到上海后的画,却又不同。你那和平愉悦的诗意,不免要掺上了胡椒末;在你的小小的画幅里,便有了人生的鞭痕。我看了《病车》,叹气比笑更多,正和那天看梦二的画时一样。但是,老兄,真有你的,上海到底不曾太委屈你,瞧你那《买粽子》的劲儿!你的画里也有我不爱的:如那幅《楼上黄昏,马上黄昏》,楼上与马上的实在隔得太近了。你画过的《忆》里的小孩子,他也不赞成。今晚起了大风。北方的风可不比南方的风,使我心里扰乱;我不再写下去了。

1926年11月2日,北平。

(原载1926年11月23日《语丝》第54期)

背后的故事

朱自清同夏丏尊、朱光潜一样,都是丰先生在春晖中学时的同事。春晖中学当时有着全国第一流的师资:夏丏尊、朱自清、朱光潜、丰子恺、匡互生、刘薰宇、张孟闻、范寿康等先后在这里执教,黄炎培、胡愈之、何香凝、俞平伯、柳亚子、陈望道、张闻天、黄宾虹、叶圣陶等曾到这里考察、讲学。在这个绍兴上虞偏远的一角,正是因为有了这些一流的师资,以及白马湖数一数二的教学环境,才有了"北有南开,南有春晖"这样的美誉。

在春晖中学,朱自清与夏丏尊和丰子恺几家是住在一起的。朱自清全家搬来后就住在刘薰宇以前盖的小屋里,和夏丏尊毗邻,两家的前院只隔一垛矮墙,夏丏尊住处称"平屋",

再隔壁就是丰子恺的"小杨柳屋"。朱自清这样写道:"我们几家接连着,丏尊的家最讲究。屋里有名人字画,有铜佛,院子里满种着花。屋子里的陈设又常常变换,给人新鲜的受用。他有这样好的屋子,又是好客如命,我们便不时地上他家里喝老酒。丏翁夫人的烹调也极好,每回总是满满的盘碗拿出来,空空的收回去。"而朱光潜先生对这段生活亦十分怀念,他回忆道:"我们吃酒如吃茶,慢斟细酌,不慌不闹,各人到量尽为止,止则谈的谈,笑的笑,静听的静听。酒后见真情,诸人各有感慨。朱自清红着脸微笑不语,丰子恺雍容恬静,一团和气。夏丏尊则纵声大笑,笑声响彻整个屋子,形成一片欢乐融洽的气氛。"他们的对面就是白马湖,朱自清先生在散文《春晖的一月》中有一段诗情画意的描述:

> 走向春晖,有一条狭狭的煤屑路。那黑黑的细小的颗粒,脚踏上去,便发出一种摩擦的噪音,给我多少轻新的趣味。而最系我心的,是那小小的木桥。桥黑色,由这边慢慢地隆起,到那边又慢慢地低下去,故看去似乎很长。我最爱桥上的阑干,那变形的纹的阑干;我在车站门口早就看见了,我爱它的玲珑!桥之所以可爱,或者便因为这阑干哩。
>
> 我在桥上逗留了好些时。这是一个阴天。山的容光,被云雾遮了一半,仿佛淡妆的姑娘。但三面映照起来,也就青得可以了,映在湖里,白马湖里,接着水光,却另有

一番妙景。我右手是个小湖，左手是个大湖。湖有这样大，使我自己觉得小了。湖水有这样满，仿佛要漫到我的脚下。湖在山的趾边，山在湖的唇边；他俩这样亲密，湖将山全吞下去了。吞的是青的，吐的是绿的，那软软的绿呀，绿的是一片，绿的却不安于一片；它无端地皱起来了。如絮的微痕，界出无数片的绿；闪闪闪闪的，像好看的眼睛。湖边系着一只小船，四面却没有一个人，我听见自己的呼吸。想起"野渡无人舟自横"的诗，真觉物我双忘了。

关于几位好友一同饮酒，朱自清先生还写有另一篇散文《白马湖》，其中有这样一段精彩的描述：

白马湖最好的时候是黄昏。湖上的山笼着一层青色的薄雾,在水里映着参差的模糊的影子。水光微微地暗淡,像一面古铜镜。轻风吹来,有一两缕波纹,但随即便平静了。天上偶见几只归鸟,我们看着它们越飞越远,直到不见为止,这个时候便是我们喝酒的时候。我们说话很少,上了灯才多些,但大家都已微有醉意,是该回家的时候了。若有月光,也许还得徘徊一会。若是黑夜,便在暗里摸索、醉着回去。

朱自清这里所说的"若有月光,也许还得徘徊一会。若是黑夜,便在暗里摸索、醉着回去",丰子恺也有类似的描述:沿着白马湖畔小路回家,有时绍兴酒喝得多有点晕,但意识却是清醒的,一个个就会歪着走路,是向着陆地一边歪,这样即便滑倒了也不至于落在湖里。

白马湖环境优美,春晖中学的教学环境更是一流。丰子恺在春晖中学教音乐与绘画两门课程。当时的春晖有一座带有四个大教室的"仰山楼",其中有两个又大又敞亮的教室,这是美术教室和音乐教室,丰先生在这里教学生音乐与绘画。他教学生画石膏像,教学生互为模特儿写生画素描。丰先生并不是把学生们禁锢在教室里。他时常带领学生到乡间写生,感受自然风光的美好,白马湖畔,到处留下了他们的足迹。

课余时间,丰子恺有时会去朱自清家闲聊。朱自清的孩子们跑进跑出地玩耍。桌上有现成的笔墨,丰子恺顺手为朱自清的女儿阿菜画了一幅漫画肖像。朱自清见了爱不释手,请夏丏尊写几个字,夏丏尊便题写下"丫头四岁时 子恺写 丏尊题"。朱自清很喜欢这幅画,后来还把它用作自己的散文集《背影》的插图。

在丰先生1925年第一本画集《子恺漫画》中,刊登了朱自清的《代序》。时隔一年,丰子恺又一本画集《子恺画集》出版,朱自清同样写了一篇《跋〈子恺画集〉》:"这一集和第一集显然不同,便是不见了诗词句图,而只留着生活的速写。诗词句图,子恺所作,尽有好的,但比起他那些生活的速写来,似乎较有逊色。第一集出世后,颇见到、听到一些评论,大概都如此说。本集索性专载生活的速写,却觉得精彩更多。"最后,朱自清先生感叹:"想起写第一集的《代序》,现在已是一年零九天,真快哪!"

春晖中学的经历是美好的,朱自清先生后来经常回味这段美好的经历。抗战胜利前夕的1945年7月,朱自清从四川成都寄赠丰子恺四首诗。其中一首写道:

应忆当年湖上娱,天真儿女白描图。

两家子侄各笄冠,却问向平愿了无。

好一幅"天真儿女白描图"!丰子恺与朱自清同岁,他们两人都曾写过散文《儿女》,而且这两篇同名散文是同时刊登在1928年《小说月报》19卷第10号上的,而这一年,他们又都是五个孩子的父亲……

6 "知生则知画"

———— 马一浮

《子恺漫画全集第二集》马蠲叟先生序

吾友月臂大师①为予言：丰君子恺之为人，心甚奇之，意老氏所谓专气致柔复归于婴儿。

子恺之于艺，岂其有得于此邪？若佛五行中有婴儿行，其旨深远，又非老氏所几。然艺之独绝者往往超出情识之表，乃与婴儿为近。婴儿任天而动，亦以妄想，缘气尚浅，未与世俗接耳。今观子恺之贵婴儿，其言奇恣直，似不思议境界。盖子恺目中之婴儿，乃真具大人相，而世所名大人，鬼琐忿矜，乃真失其本心者也。赵州有孩子六识话，予谓子恺之画宜名孩子五阴，试以举似。月臂大师当以予为知言。

丁卯九月书与丰子恺教授
蠲叟

---

① 即弘一大师。——编者

《护生画集》初集序

华严家言："心如工画师，能出一切象。"此谓心犹画也。古佛偈云："身从无相中受生，犹如幻出诸形相。"此谓生亦画也。是故心生法生，文采彰矣；各正性命，变化见矣。

智者观世间如观画，然心有通蔽，画有胜劣，忧喜仁暴，唯其所取。今天下交言艺术，思进乎美善，而杀机方炽，人怀怨害，何其与美善远也！月臂大师与丰君子恺、李君圆净并深解艺术，知画是心，因有《护生画集》之制，子恺制画，圆净撰集，而月臂为之书。三人者盖夙同誓愿，假善巧以寄其恻怛，将冯兹慈力，消彼犷心，可谓缘起无碍、以画说法者矣。

圣人无己，靡所不己，情与无情，犹共一体，况同类之生乎！夫依正果报，悉由心作，其犹埏埴为器，和采在人。故品物流形，莫非生也；爱恶相攻，莫非惑也；蠕动飞沉，莫非己也；山川草木，莫非身也。以言艺术之原，孰大于此？故知生则知画矣，知画则知心矣，知护心则知护生矣。

吾愿读是画者善护其心！水草之念空，斯人羊之报泯，然后鹊巢可俯而窥，沤鸟可狎而至，兵无所容其刃，兕无所投其角，何复有递相吞噉之患乎！

月臂书来，属缀一言，遂不辞葛藤而为之识。

戊辰秋七月　蠲叟书

 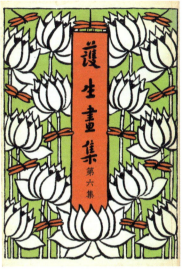

护生画初集再版　大法轮书局　　　　　护生画集第六集（新加坡版）

背后的故事

　　关于《护生画集》，丰子恺还与浙一师的同班同学曹聚仁发生过纠葛，而马一浮先生是站在丰先生这一边的。曹聚仁认为战乱时期，不必"护生"，丰先生的《护生画集》可以烧毁了！丰子恺写下《一饭之恩》予以驳斥："现在我们中国正

在受暴敌的侵略,好比一个人正在受病菌的侵扰而害着大病。大病中要服剧烈的药,才可制胜病菌,挽回生命。抗战就是一种剧烈的药。然这种药只能暂用,不可常服。等到病菌已杀,病体渐渐复元的时候,必须改吃补品和粥饭,方可完全恢复健康。补品和粥饭是什么呢?就是以和平、幸福、博爱、护生为旨的'艺术'。……我曾在流难中,受聚仁兄一饭之恩。无以为报,于心终不忘。写这篇日记,聊作答谢云尔。"

马一浮在6月6日的回信中说:"得读《论抗战歌曲》及《一饭之恩》等篇。夫人不言,言必有中。在近时作家浅薄思想中,忽有此等朴实沉着文字,此真是最后胜利之福音……将来文艺界如有觉悟,当有益深刻之作品发现,方足唤醒人类真正之感情,启发其真正之理智。贤如不以吾言为谬,深望本此意多作文字。此不独一民族、一时代之关系而已也。"

马一浮对丰子恺的绘画,有极力称颂的,也有批评的。在《护生画集序》中他说丰子恺画护生画是"深解艺术""以画说法";在《赠丰子恺》一诗中称"画痴今有丰子恺,漫画高文惊四海";而在乐山参观丰子恺画展时,马一浮认为有的画"笔墨痕迹太重,亦是未臻超脱,未能空灵。名家杰作,令人望去几乎不知是画,此乃空灵之妙也"。

据马一浮先生的弥甥女丁敬涵老人回忆,丰子恺因马一浮年长于自己16岁,又是自己老师李叔同所敬佩的朋友,因而视马一浮为老师;而马一浮因敬重丰子恺的学识、为人和艺术成就,一直把丰子恺视为朋友。但在学术问题上,马一浮又像

对待学生那样尽其所知以教育、指导丰子恺。这就形成两人亦兄亦弟、半师半友的关系。讲起"兄",还有个称不称兄的小插曲。马一浮给丰子恺写信,总称丰子恺为"子恺仁兄"或"子恺尊兄"。1939年初,丰在给马的信中表示,被称为"兄"实不敢当,要求以后勿以"兄"见称。马一浮在1月17日回信时就改称"子恺吾友",有趣的是在其下还注明"遵来谕不称兄",而在以后写信时,又像忘记了似的,照样称"兄"不误。其实,马一浮说"子恺仁兄",只是一种敬称、一种尊称,是对丰子恺的敬重,并非特指年纪上的"兄"。而要说他对于丰子恺学术以及艺术上的帮助,却是实实在在的。

1933年丰子恺在故乡石门湾的新居"缘缘堂"刚落成，他就请马一浮题写匾额。马一浮题"缘缘堂"三个隶书大字后还附了一首偈，他借这首偈告诉丰子恺，要把天下的万事万物都看在眼里，就可以认真悟解人生。这首偈中有这样四句：

能缘所缘本一体，收入鸿蒙如双眦。
画师观此悟此生，架屋安名聊寄耳。

可惜缘缘堂落成后仅五年，便毁于日寇的炮火，马一浮的题字也一并随之焚毁。但这并不妨碍他俩的深入交往。在各自踏上逃难之路后，虽然走的是不同路线，但他们的书信来往相当频繁。在信中，丰子恺把逃难途中所见的民众遭受的苦难，以及军民抗日情绪的高涨，一一告诉马一浮，还把自己所写的抗日歌曲寄给马一浮。马一浮回信给予鼓励，并详细指导丰子恺的创作。马一浮在1938年2月9日的信中说："愚意此后撰述务望尽力发挥非战文学，为世界人道留一线生机。目睹战祸之烈，身经乱离之苦，发为文字，必益加亲切，易感动人。"马一浮这是在以更加高远的视野、更加宽阔的胸襟，指导丰子恺的艺术创作。

1938年5月3日马一浮致信丰子恺，评论丰子恺写的抗战歌曲："《高射炮打敌机》一首，篇法甚佳，音节亦似古乐府，似较《东邻有小国》一首为胜。声音之道，入人最深，此类歌曲能多作，甚善。遣词虽取易晓，不欲过文，但亦不可过俚；

用韵及音节尤不可忽。若能如古乐府歌词,斐然可诵,则尤善矣。"

马一浮与丰子恺都是诗词方面的高手,他们的诗词往来也是一种绝妙的交流。1943年丰子恺赴乐山举办画展,他在《癸未蜀游杂诗》"乐山濠上草堂呈马一浮先生"中写道:

蜀道原无阻,灵山信不遥。
草堂春寂寂,茶灶夜迢迢。
麟凤胸中藏,龙蛇壁上骄。
近邻谁得住,大佛百寻高。

这里的麟凤,指的就是马一浮。而马一浮也以一首《观丰子恺画展同星贤、伯尹》诗回应:

卧游壁观可同时,万法生心即画师。
每怪倪迂耽竹石,恰好郑侠写流离。
洞霄九锁人归远,云海千重鸟去迟。
屏上春山蕉下梦,未妨收入一囊诗。

在1943年丰子恺离开乐山后,马一浮写了一首《立夏日寄子恺 其一》,表达对江南、对杭州的思念之情。马一浮在诗中提到的"六桥",泛指杭州的西湖。在西湖的苏堤上有六座桥,分别是映波桥、锁澜桥、望山桥、压堤桥、东浦桥和跨虹桥(另

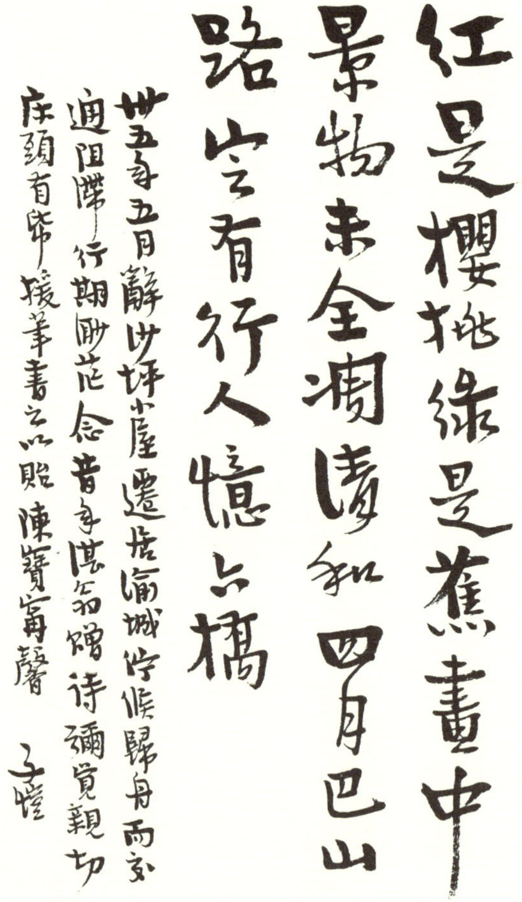

红是樱桃绿是蕉画中
景物未全凋读到四月巴山
路岂有行人忆六桥

廿五年五月薛少坪小屋遇岳渝城守候归舟雨京
迫阻滞行期即花念昔年旧名赠诗弥觉亲切
床头有纸援笔书之以贻陈宝宁馨
子愷

一说是指里西湖的六座桥：环璧桥、流金桥、卧龙桥、隐秀桥、景行桥和濬源桥）。

> 红是樱桃绿是蕉，画中景物未全凋。
> 清和四月巴山路，定有行人忆六桥。

后来丰子恺在1944年秋填了一阕《贺新郎》，其中写道：

> 故园焦土蹂躏后。
> 幸联军，痛饮黄龙，快到时候。
> 来日盟机千万架，扫荡中原暴寇。
> 便还我，河山依旧。
> 漫卷诗书归去也，问群儿恋此山城否？
> 言未毕，齐摇手。

果然，时隔不到一年，抗战胜利，日本人宣布投降，两位大师也陆续回到了魂牵梦萦的杭州。

附：

一饭之恩[①]

——避寇日记之一

丰子恺

去年冬天我与曹聚仁兄在兰溪相会,他请我全家吃饭。席上他忽然问我:"你的孩子中有几人欢喜艺术?"我遗憾地回答说:"一个也没有!"聚仁兄断然地叫道:"很好!"

我当时想不通不欢喜艺术"很好"的道理。今天,三月二十三日,我由长沙到汉口。就有人告诉我:"曹聚仁说你的《护生画集》可以烧毁了!"我吃惊之下,恍然记起了去冬兰溪相会时的谈话,又忽然想通了他所谓不欢喜艺术"很好"的道理,起了下面的感想:

"《护生画集》可以烧毁了!"这就是说现在"不要护生"的意思。换言之,就是说现在提倡"救国杀生"的意思。这思想,我期期以为不然。从皮毛上看,我们现在的确在鼓励"杀敌"。这么惨无人道的狗彘豺狼一般的侵略者,非"杀"不可。我们开出许多军队,带了许多军火,到前线去,为的是要"杀敌"。

但是,这件事不可但看皮毛,须得再深思一下:我们为什么要"杀敌"?因为敌不讲公道,侵略我国;违背人道,荼毒

[①] 本篇曾载1938年5月5日《少年先锋》第6期。——原编者注

生灵,所以要"杀"。故我们是为公理而抗战,为正义而抗战,为人道而抗战,为和平而抗战。我们是"以杀止杀",不是鼓励杀生。我们是为护生而抗战。

《护生画集》中所写的,都是爱护生灵的画。浅见的人看了这些画,常作种种可笑的非难。有一种人说:"今恩足于及禽兽,而功不至于百姓者,独何欤?"又有一种人说:"用显微镜看,一滴水里有无数小虫。护生不能彻底。"又有一种人说:"供养苍蝇,让它传染虎列拉①吗?"他们都是但看皮毛,未加深思;因而拘泥小节,不知大体的。《护生画集》的序文中分明说是"护生"就是"护心"。爱护生灵,劝戒残杀,可以涵养人心的"仁爱",可以诱致世界的"和平"。故我们所爱护的,其实不是禽兽鱼虫的本身(小节),而是自己的心(大体)。换言之,救护禽兽鱼虫是手段,倡导仁爱和平是目的。再换言之,护生是"事",护心是"理"。以前在报纸看见一段幽默故事,颇可以拿来说明护生的意旨:有一位乡下老婆进城,看见学校旁边的操场上,有两大群学生正在夺一根绳,汗流满面,声嘶力竭,起而复仆者再,而绳终未夺得。老婆见此,大发慈悲,上前摇手劝阻道:"请你们息争!这种绳子舍间甚多,回头拿两根奉送你们!"盖此老婆只见夺绳的"事",不解拔河之戏之"理",故尔闹此笑话,护生者倘若执着于禽兽

---

① 虎列拉,cholera(霍乱)一词的旧时译名。——原编者注

鱼虫，拘泥于放生吃素，而忘却了"护心""救世"的本旨，其所见即与此乡下老婆相等，也是闹笑话。故佛家戒杀，不为己杀的三净肉可食。儒家重仁，不闻其声亦忍食其肉，故君子远庖厨。吃三净肉和君子远庖厨，都是"掩耳盗铃"。掩耳盗铃就是"仁术"。无端有意踏杀一群蚂蚁，不可！不是爱惜几个蚂蚁，是恐怕残忍成性，将来会用飞机载了重磅炸弹而无端有意去轰炸无辜的平民！岂真爱惜几个蚂蚁哉，所以护生的掩耳盗铃，是无伤的。我希望读《护生画集》的人，须得体会上述的意旨，勿可但看皮毛，拘泥小节。这画集出版已经十年，销行已达二十万册。最近又有人把画题翻译为英文，附加英文说明，在欧美各国推销着。在现今这穷兵黩武、惨无人道的世间，《护生画集》不但不可烧毁，我正希望它多多添印，为世界人类保留一线生机呢！

现在我们中国正在受暴敌的侵略，好比一个人正在受病菌的侵扰而害着大病。大病中要服剧烈的药，才可制胜病菌，挽回生命。抗战就是一种剧烈的药。然这种药只能暂用，不可常服。等到病菌已杀，病体渐渐复元的时候，必须改吃补品和粥饭，方可完全恢复健康。补品和粥饭是什么呢？就是以和平、幸福、博爱、护生为旨的"艺术"。

我的儿女对于"和平幸福之母"的艺术，不甚爱好，少有理解。我正引为憾事，叹为妖孽。聚仁兄反说"很好"，不知其意何居？难道他以为此次抗战，是以力服人，以暴易暴；想步莫索里尼（墨索里尼）、希特勒、日本军阀之后尘，而为扰乱世界和平的魔鬼之一吗？我相信他决不如此。因为我们抗战的主旨处处说着：为和平而奋斗！为人道而抗战！我们的优待俘虏，就是这主旨的实证。

从前我们研究绘画时，曾把画人分为两种：具有艺术思想，能表现人生观的，称为"画家"，是可敬佩的。没有思想，只有技巧的，称为"画匠"，是鄙贱的。我以为军人也可分为两种：为和平而奋斗，为人道而抗战，以战非战，以杀止杀的，称为"战士"，是我敬佩的。抚剑疾视，好勇斗狠，以力服人，以暴易暴的，称为"战匠"，是应该服上刑的。现今世间侵略国的军人，大都是战匠，或被强迫为战匠。世界和平，人类幸福，都被这班人所破坏，真是该死！所以我们此次为和平而奋斗，为人道而战争，我以为是现世最神圣的事业。这抗战可为世界人类造福。这一怒可安天下之民。

杜诗云："天下尚未宁，健儿胜腐儒。"在目前，健儿的确胜于腐儒。有枪的能上前线去杀敌。穿军装的逃起难来比穿长衫的便宜。但"威天下，不以兵甲之利"。最后的胜利，不是健儿所能独得的！"仁者无敌"，兄请勿疑！

我曾在流难中，受聚仁兄一饭之恩。无以为报，于心终不忘。写这篇日记，聊作答谢云尔。

〔1938年〕

四

一钩新月分外明

今人聚首再话卿

1 负笈东瀛

主持人（阎华）：欢迎大家来到克勒门文化沙龙，今天我们的主题是"一钩新月分外明"，我们要跟大家讲一讲丰子恺先生的故事。丰子恺先生可能对很多的朋友来讲就像一个熟悉的陌生人，为什么熟悉呢？因为我们可能都看过他的画，读过他的文章，但是他似乎又很陌生，因为可能我们没有多少人能够具体讲出丰老先生他到底有着怎样的成就，他在哪些领域有着研究，他的艺术观点、思想精神到底是什么，他给这座城市又留下了怎样宝贵的遗产。

我们请到的主讲人是丰子恺先生的外孙宋雪君先生，宋老师也是大学教授，是丰子恺先生的外孙。大家可能都熟悉丰先生，熟悉他的画，熟悉他的文章，但是丰老先生是个怎样的外公呢？

宋雪君： 丰先生去世的时候我已经 27 岁了，我跟他在一起过了 27 年，但是主要的时间还是在童年，要说我的外公就是两个字——和蔼。

主持人： 一个非常和善的老人，跟他的漫画、文字一样，就是这样一位亲和平易的老人。我们现在如果说到丰子恺先生，让大家给丰子恺先生贴一个标签的话，我想可能大多数人给出的答案是画家，因为丰子恺先生的画实在是太深入人心了。给我们说一说丰子恺先生他是怎样走上绘画这条道路的。

宋雪君： 丰先生在 1921 年 23 岁的时候到日本去，去了十个月，这十个月你说去留学，时间又短了点，说旅游，时间又长了点，他就叫游学。在那边前五个月学习绘画和韵律，后五个月，下午拉小提琴，晚上学英语。他充分利用这十个月，用他的话说就是我只能在这十个月里充分地呼吸东京的艺术空气。

主持人： 也就是说那个时候丰先生是到日本去求学。我们刚刚看到的几张都是很珍贵的照片，我们看看下一张照片，大家一定认识中间的这位，弘一法师李叔同先生。这可能是唯一能找到的丰老先生跟弘一法师的照片。哪位是丰先生呢？右边。这就是当时留下的一张照片。

丰先生童年很早就开始学习绘画，然后有一段时间是到日本去学习绘画，我相信那段时间日本的文化对他带来了很大的影响。

与姑母在姑母家（桐乡崇德横街）

1918年3月18日在杭州浙一师读书时摄

1919年浙一师毕业时的丰子恺

四 一钩新月分外明

1918年5月24日在杭州
弘一将入山修梵行（下左为刘质平，下右为丰子恺）

宋雪君： 在1921年的时候，日本的文化比中国要先进一点，就是和西方的比起来也不差。他到了那里，刚才我说他各种各样的学习都参加，其实他经常逃课，今天不去，明天不去，去干吗呢？有时候到图书馆、博物馆，听歌剧，听音乐会，逛旧书店，甚至逛地摊。最荒唐的一件事情，有一次他们说日本的玩具相当好，又有文化性，又有艺术性，又有教育性，又有工艺性，他就从当时的领事馆开了一张介绍信到那边去了。他们说不行，我们这个不对外展览。结果第二天他的学生跟他说，你带点吃的东西去。结果他带了一袋五块钱的巧克力，那个人马上说欢迎欢迎，你来参观，结果去参观了，这种事情是很多的。最根本的是在日本的十个月里，这些还只是一些小细节，最主要的在日本的生活就是他在日本的学习。

主持人： 这个是1921年时丰先生的照片，太时髦了，那时候在日本虽然只有短短十个月，但是大大影响了丰老先生的视野，最重要的是遇到了竹久梦二，是日本一位著名的画家。

宋雪君： 他说竹久梦二的画我一看就被迷住了，为什么呢？他的画构图是西洋画，而他的画序是东洋画；形体是西洋画，风格又是东洋画，最主要的是竹久梦二的漫画里面有诗意。他说了这样一句话，竹久梦二漫画的形体感动了我的言，他的诗意感动了我的心。从此以后，他就开始创作中国的漫画。

1921年末从日本回来

竹久梦二漫画

爸爸还不来（受竹久梦二影响）

主持人：我们现在看到的就是竹久梦二先生的画，然后看到的是丰子恺先生的画。听说当时丰子恺先生最早是想去学油画的，但是看到了这些画以后他就开始改画漫画了。

宋雪君：对，他就开始他的漫画了。但是他创作漫画还只是在一个小房间里面，不是很大的空间，在哪里呢？在春晖中学白马湖边的小洋楼里画了很多漫画。第一批粉丝还只是一些和他一起在春晖中学教学的老师，那些先生蛮有意思的，他们住在学校里面，晚上喝酒，喝完酒以后最开心的事情就是把丰子恺先生的漫画拿出来一张一张欣赏，一张一张点评，有时候哈哈大笑。

但是终于有一天，1924年的7月，春晖中学有一个杂志，在上海发表了一篇丰子恺的漫画，叫《人散后，一钩新月天如水》。这张漫画在春晖中学的校刊上发表以后，被《文学周报》的主编郑振铎看见了，他一下子就被迷住了。他不是觉得这幅画很有趣，也不是觉得这幅画很有诗意，他是说这幅画是诗意的仙境，进入仙境了，一下子迷住了。过了不到一年，第二年，就是1925年5月，他们《文学周报》开始刊登丰子恺的漫画，他的周报出版是不固定的。就在这个时候他做了一件非常好的好事，在画的边上写上四个字——子恺漫画。以前中国是没有漫画的，把子恺漫画几个字在公开的刊物上发表就是从这里开始的，子恺漫画进入大家的视野也就是这时候开始的。

2 "子恺漫画"

主持人：所以我们今天的主题叫"一钩新月分外明"，就是这一钩新月让大众了解了丰子恺先生，同时从这幅画开始，中国有了漫画这个词。可能很多人觉得丰子恺的漫画大家好像都很能看懂，但是其实这些到底有怎样的深意，在中国的美术史上又有着怎样的地位呢？我们接下来请上著名的漫画家、上海美协主席郑辛遥老师来给我们分享一下。

郑老师今天也带来了很多非常珍贵的丰子恺先生的绘画作品，给我们从美术的角度解读一下。

郑辛遥：大家好，大家知道上个月我们上海有一个丰子恺艺术特展，吸引了很多读者，有国外的，有外地的，都到上海来看，非常成功。这个展览规模非常大，有十个板块，闭幕的时候观众

也很多,所以我在这里告诉大家一个好消息,我们上海文联领导决定,还要换一个地方,到上海市文联的展厅继续展,到时候有日期我们再公布。主办方跟我说,你能不能跟大家一块来赏析一下丰老的漫画,我觉得我只能来谈谈,就是我看了丰老一些画个人的体会,跟大家来交流一下。

丰老的画实在是太多了,怎样来便于大家一块欣赏呢?我就想是不是用丰老的话与画,就是丰老讲的话与他的漫画结合在一起。

第一,丰老曾经这么讲,他说儿童是身心全部公开的真人。所以丰老他自己说,我是儿童的崇拜者。接下来大家可以看一下画。这幅画,其实它是画的丰老的长子,非常生动,小孩子在游戏中可以模仿各种各样的事物。很简约,两把蒲扇,前后一交叉,就是一辆车。我觉得画家要有发现的眼光,小朋友在玩,但是在丰老的眼中就是一幅漫画。

第二幅《爸爸回来了》,这幅画我在看的时候,觉得每个小朋友,无论是男孩还是女孩,估计在家里肯定把爸爸妈妈的衣服、鞋子拿出来穿过,所以这个我觉得也是来源于生活的。

这张比较有趣了,它的标题说阿宝两只脚,凳子四只脚。一个什么小故事呢?就是妈妈给阿宝一双新鞋子,小朋友把新鞋子拿出来给家里凳子穿上,但穿上以后她发现她有两条腿,凳子有四条腿。这个鞋子你们注意,有细节的,一个是黑的,一个是灰的。另外一双鞋其实是她妹妹的,她拿过来穿好,穿好以后被她妈妈看见了,妈妈讲你怎么把新鞋子这样穿。正在责怪的时候丰老回来了,丰老马上就阻止了,而且在丰老眼中不是小孩不好,

四　一钩新月分外明

阿寶兩隻腳
櫈子四隻腳

而是一幅伟大的作品诞生。这个阿宝在这里介绍一下，是丰老的长女，所以丰老好多儿童题材的漫画，其实后面就来源于他的孩子。

这张也很有趣的，《取苹果》。这幅画漫画家把小朋友聪明伶俐的这面反映出来了，上海人有一句话，皮小孩很聪明，因为他皮就动脑筋，这幅画看了之后我觉得非常生动有趣。

我们接下来看第二句话，丰老说：我希望画中含有意义——人生情味或社会问题。我现在给大家赏析这类题材。

《最后的吻》，如果比较关注我们丰老的画的人，这幅画也是代表作之一，这幅画大家可以仔细看一下，这个妈妈的头上，你看不是印刷的关系，有一朵小白花，什么意思？她的丈夫过世了，生活比较艰难。这幅画也有一个故事，丰老有一天在家里接待一个朋友，朋友拿了一箩子很沉的书，当然就叫家里的佣人一块过来。来了以后丰老和这个朋友在交谈，突然这个佣人看了这画以后在掉眼泪，再过一会儿号啕大哭。那么丰老和这位朋友就奇怪，怎么突然来了一个佣人在我们家里哭，很自然就问她：你有什么事情？她说我看了这幅画，这幅画就是我的照影。她说我的丈夫不久前过世了，过世以后我这个小孩养不活了，我就送掉，自己从乡下到上海来做佣人。所以这么巧，说明丰老这幅画是当时的社会真实写照。

《某种教育》，这幅我为什么挑呢？某种教育，我发现我们今天是不是也是这样，好多学校考试，都是一个模子里出来，写作文、分析文章，老师说一二三就是一二三，你绝对不会列两条，也不会列四条。所以我觉得丰老当时发现的这个社会现象，到现

在我们这个社会还存在。

还有一幅,这一幅很清楚,《晨出》。你看早晨上班,戴上假面具,这个现象不用我多讲,应该说在职场上大家都有体会。而且你看他那个装束,我问了他们家里,按这个装束来讲,其实属于当时的公务员,你看拿个皮包。

这幅《赚钱不吃力,吃力不赚钱》,其实丰老他一部分是画的故事,还有一部分,他经常用民间题材,我认为丰老他的视角其实很关键,其实就是现实。

主持人： 而且很多我们现在看来好像还是有道理的,现在还是这样。

郑辛遥： 这一幅,《愿作安琪儿空中收炸弹》。这幅按照年谱来讲,正是抗战时期。丰老没有直接画战场,也没有画飞机大炮,而是通过这么一个逃难当中的场景,大家发挥想象力,叫一个小天使在空中把那个炸弹接住。那天我在挑画的时候,和丰老家属谈,我说这个可能就是画家的想象力,空中飞导弹,空中拦截,可能他比军事专家还先前就想到了这么一个构思。

接下来第三,这句话丰老也说得非常好,他说:最喜小中能见大,还求弦外有余音。这个观点,就是丰老明显区别于其他人的,他的画,看上去很生活化、很平常,但是你慢慢地琢磨。老早有一种讲法,看丰子恺的画,当时很平淡,但是越品越有味道。

253 · 四 一钩新月分外明

这一幅叫《衣冠之威》，从画上面来看，好像是农村驱赶鸟，但是看了标题以后我会产生联想，衣冠之威，我们现在生活有好多人穿着名牌，然后装腔调。还有我们一些所谓的有关部门，穿制服，制服一穿，耀武扬威。我认为像丰老这幅画，他的画外之音，就是让你来看我们生活有没有衣冠之威、弦外之音。

这幅画，用了清朝一句诗，"一肩担尽古今愁"。初一看的话，跟一般的画家描绘的情景没什么两样，有山有树，但是你仔细来看，发现他画了一个人，挑着人生责任之担。就是说我们每个人在生活中，不论你是男人还是女人，老人还是小孩，你肩上都有副深重的担子，所以这就是小中能见大。

《劫后重生》，因为当时正好是抗战胜利前后，我们国家遭受了很多灾难，他画了这样一幅画，老树砍掉了，好多新枝发芽，意味着我们很有希望，目的就是鼓舞人心。

这幅画有意思了，《攒研》，其实就是钻研。这幅画，两本书，就是一中一西，这个精装本是代表西洋文化，一本线装的就代表我们中国的传统文化。画家发挥了想象力，所有的人都朝里头钻，有趣的是上面已经有人出来了，有人只露一个头，有人露了上半身。这个西洋书的人已经到腰了，我说这个人恐怕要出头了，为什么？他已经出来了。假如说你进到书里，肯定有什么结果呢？你钻进去了，就出不来了，陷在里面了。所以这幅画我觉得可以评论，通过这幅画你可以有好多联想。

最后一幅画，旁边有一首打油诗，"今日你生日，给你吃块糖，再过十五年，要你守四方"。这幅画我觉得也很好，有家国情怀。我为什么要选这幅画呢？我想我们今天在这里来欣赏丰老的画的

一些非常巧妙的构思、人生真理，同时因为他是画家，我们当然也要谈谈，欣赏一下他的画技。这幅画我觉得就非常具备技巧，因为丰老刚才宋老师也介绍了，其实他早年是学西洋画的，有深厚的绘画基础。你看这幅画，丰老画人体这个均匀结构，非常清楚，这个是丰老的西洋画技术。另外你可以看这幅画的用笔，我说这个用笔可以有这么两句评价，叫苍劲有力、一笔到位。他所有的用笔非常肯定，非常有力量。这幅画我选出来，让大家来欣赏一下，这就是丰子恺的中西融合的特有的丰氏画法。

主持人：可能很多人觉得漫画蛮简单的，但其中有很强大的艺术基本功的支撑。

郑辛遥：第三个部分是弦外有余音。一幅好的漫画怎么来的？我认为就是你的画要有思想性，一有思想性，这幅画就有灵魂。所以说一幅漫画有好的构思，有思想性，就有高度，另外这幅画就有质量。所以丰老的画，我认为这两点都是非常突出。

我在办艺术特展的时候，文联领导叫我写一个前言，我就看到许多丰老的画，包括一些评论。我说了两句话，丰老是眼睛向下，作品向上。因为他那个视角都是关注比较下层生活的，还有一点，就是丰子恺把中国传统的文人画转化为大众能够欣赏的现代人文画。这一点我认为丰老也是做得非常有特色的。

你们在组织的时候，排了一个计划，叫我还要说丰老在中国美术史上的地位，我觉得这个我要来查一查，网上给我查到了，

我觉得比较权威。去年 12 月份，中国文联、中国美协举办纪念何香凝、丰子恺、吴作人、王琦四位老一辈美术家的座谈会，中国文联的党组书记、副主席李屹同志做了评价。这个我觉得应该原文读给大家听，他说四位美术大家是中国现代美术多个领域的开拓者、奠基者和主要代表人物。我认为这个评价相当高，不是我们上海，是中国。

前几天丰老艺术特展闭幕的时候，有记者问我，这个展览为什么这么多的人来看，他说你能不能简约一点给我们总结一下。我跟他们说，我用九个字就可以概括了，有看头，有想头，有讲头。

今天在这里，我觉得还要讲一个头，归根结底，我觉得丰老的艺术有苗头，谢谢大家。

主持人：谢谢，你有花头。虽然在丰老那么多的画作当中，我们挑出来的不多，但是我想通过郑老师的解读，大家对丰老先生的漫画，它所表达的含义和它的艺术基础等等，其实都有很深的理解。

3 画箱的故事

主持人：今天我们能够看到这么多画作其实是很不容易的，我们知道这么长的时间里有战乱，有运动，为什么这些画作能够保存下来？这真的要感谢丰家的后代，他们就是这样一代一代在战火中、在运动中、在动荡之中，把这些画带到了现在。我们现在用掌声请出的是丰老先生的孙子丰羽先生，他来给大家讲一讲这些画的故事。

丰羽：主持人、各位老师、各位嘉宾好，我是丰羽，丰子恺的孙子。我父亲是丰新枚，是他最小的儿子。

主持人：你怎么拎了这么一个箱子上来，这个箱子一看就有好货了，这是个什么箱子？

丰羽：这个箱子重要的一面我还没展现给大家看，这是丰子恺给我父亲丰新枚和我妈的，里面装过海上丰采博物馆里面看到的，这个箱子已经上百年了。我想了想，今天穿错衣服了，我应该穿长衫过来，更像"五四"青年到了大上海那样的感觉。我主要是想跟大家分享一下这些画是怎么保存下来，怎么流传下来的，在这个过程中发生的一些故事。

首先这是我，是我半岁的时候爷爷画的一幅肖像。其实我年轻的时候比较瘦，20世纪90年代初好像有谁拍电视剧还问过我，要不要去演年轻的丰子恺。看你刚才放的那张照片，我瘦两圈的时候应该跟他比较像。后来大概觉得没有什么市场，没人提了，就算了。

但是这个肖像是他亲自画的，一直在他的日月楼的案几上放了很多年，直到后来我的一幅更活泼的照片取代了这幅肖像，这幅肖像现在在我这里。他为什么画这幅肖像呢？我理解他喜欢我

的爸爸,他的幼子丰新枚,所以爱屋及乌,我的名字也是他给我定的,所以给我画了这样的肖像,承载了他很多的爱,所以我也是感到自己有责任,有担当,需要把他的这些艺术向社会大众更多展现。

下面有张照片,给大家再看看,这是一首黑白诗,大家可以看到每一句里面都是有黑有白的。这个讲的是一个故事,七个文人到酒馆,一人吟一句诗,里面有黑有白,第八最少,让谁来补呢?就是店小二、堂倌,堂倌随口来了一句,"阴沟滑翻豆腐汤"。"两行玉齿噙瓜子,煤球店里石灰缸",也是有黑有白的。为什么给你们看这封信呢?这是他写给我父亲的一封信,我父亲因为受他的影响,被发配到北方石家庄工作去了,

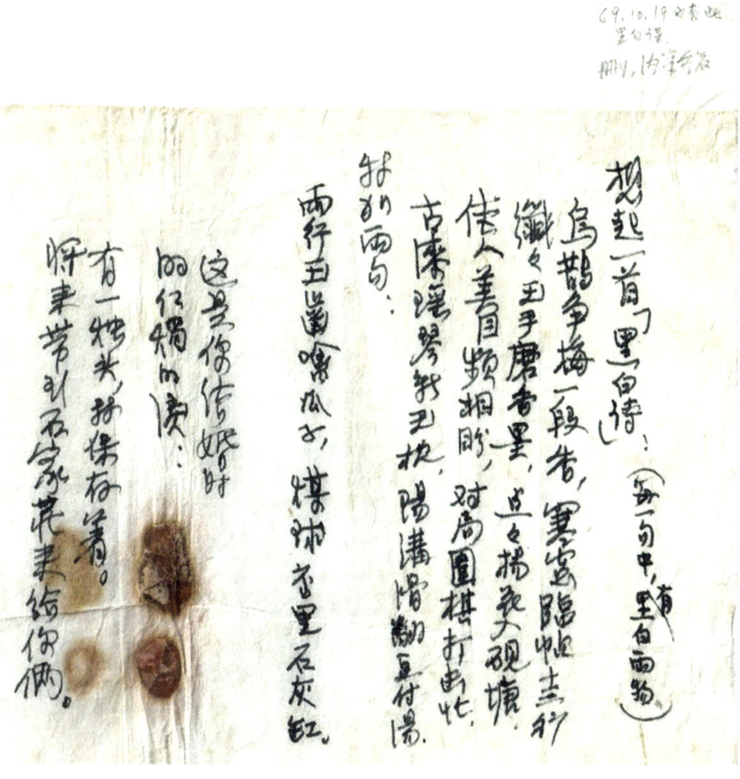

四 一钩新月分外明

想起一首"黑白诗"：（每一句中有黑白两物）

乌鹊争梅一段香，蓬窗临帖三行
织女玉手磨香墨，点点扬花丈砚塘
佳人善弈频抛眼，古庙潜琴静五指
阳沟惜勘真付汤
好句两句……

雪行玉道喷瓜子，煤沙雪里石灰缸。

这是你结婚时100红烛的烫……

有一粒米，我保存着。
将来带到不家花来给你俩。

69.10.19 上寿眉
黑白诗
删，内容无发

丰子恺幼子丰新枚画

所以他们父子之间有很多通信,两三百封,这些我也在整理,希望能够尽快出一本子恺家书,给各位爱好者更多细致的机会去品味一下他们父子之间的感情。我认为既是父子,又更重于父子。你看他们的一封信写成这样,而且这里面大家看到有两个蜡烛头,那两个红色的,这是我爸我妈结婚的蜡烛留下的眼泪,我爷爷保留下来,然后把它写成这封信寄给我父亲。这个不仅展现出父子情深,而且又有艺术感,所以从这一点可以看出他对我父亲是很深爱、很喜欢的。

这就引到为什么这批精品他传给我父亲,又传到了我这里。这是一张我父亲画的《教师日记》封面。这是我的照片,后来这张照片取代了那幅肖像,挂在他日月楼的案几上,直到他1975

年去世,那个时候我大概六岁。这个箱子是这样的,这批大家看到的画叫作精品画,尺寸是不大的,以前有大的尺寸,一九二几年画的,但是在日本人轰炸的时候都毁坏了。这些是他逃难的路上开始,一直到1948年到杭州创作出来的一批画。每个题材他选最好的留下来,别人喜欢来跟他求画,他都会另外画,把这批留下来。这批就保存在这个箱子里面。当然它历时很久,跨越的地域超过半个中国,经历的风险也不少。

我想跟大家分享几个小故事,第一个,爷爷在大逃难、在抗战的时候画了一些,没有全部画完,陆陆续续画了一些。他装在箱子里面,放在车底。他坐汽车,因为那个时候行李都是放在车底的,刮风下雨有雨水,所以那批画里面有些沾到了一些水,当然后来也进行了修补,这是有一点风险的,差一点碰上大雨全毁了,这是第一个风险。

第二个风险,其实是在20世纪60年代末的那场比较巨大的群众运动里,那场运动破"四旧",然后造反派来抄家。这里我要借这个机会感谢中国画院的一个书法家马公愚,马老通风报信,打电话(那时候家里有电话),告诉我爷爷说来抄家了,叫他有所准备。他应该是把这些画放在箱子里,当然还有很多其他字画,这些人来抄家的时候就抄走了。他们一看这个箱子里的东西摆得很整齐,就不自己再搬来搬去,结果变相保护了这批画,否则的话有人不懂,扯来扯去,扯坏掉的都有很多。但是马公愚先生因为通风报信被查出来之后,被批得很厉害,斗得很厉害,大冬天的让他跪在地上,浇了一盆热水,头上不停冒蒸汽。本来今天想请他的后人过来的，结果他因为出差没有办法到，但是我想还是要感谢，而且通过我们的展览宣传，让广大的爱好者看到他最佳的作品，我觉得是一个荣幸，他是有功劳的。

然后我爷爷他被批斗，被往头上倒热糨糊，再贴上反革命字样的东西。他心态比较好，批斗的时候给他刷糨糊贴，他自己还跟他们捣捣糨糊，而且态度比较好，最后把他定位为人民内部矛盾。因为态度好，定位为内部矛盾，所以这个箱子就回来了，过了两年这批东西又回来了。回来以后马上就给了我父亲，当时在北方，他离开了这个是非之地，怕他们过两天后悔了又过来抄。

到北方之后，直到他去世，还有一次也有一点小问题，就是1976年唐山大地震，我、我父亲、我母亲三个人住在石家庄，分配到一间小房间，进门就是床，我睡在最里面，我妈睡中间，我爸睡在外面，我小，把那个皮箱放到里面。因为1976年地震了，很多人不敢住房子，怕房子倒下来。我父亲当时决定一旦有风吹草动，他拎着皮箱翻窗户出去，就为了保护这批画。当我长大之后，我想问他一个问题，那个时候他是拎着箱子先出去，还是让我先跳出去，这个我一直没有机会问他，因为他去世了。

所以通过这一系列的小动作，保存了这批画，经历了不同的风险磨难，但是上苍还是知道这些画深受人民群众的喜爱，所以通过不同的方式有贵人把它们保存下来。上海文联这次展览后，这些画接下来继续在上海文联展厅里面连续展览，让它们近距离接触，我作为这批画的暂时的保管者觉得自己有责任，在更多的时候、更多的地方，让更多的观众能够欣赏到这样美好的艺术。我想跟大家分享的就是这些。

主持人：所以这一箱子的画，不仅仅是丰家的，其实它是上海的，是中国的，也是世界的，是珍贵的文化遗产。在这里我们真的要感谢丰老的这些后人们，能够把这些珍贵的画继续一代一代地传承下去，掌声送给丰羽先生，谢谢。

丰羽：我有幸存了一些画作出版，然后我堂姐，她是我大伯父丰华瞻的长女，她收藏了很多的印，有我爷爷自己刻的，也有别人送给他的。他们一家在美国，比较远，没有办法来。她也委托我向各位老师报告一下，这些印保存完好，一定会有机会让广大的艺术爱好者欣赏到，谢谢大家。

主持人：谢谢丰羽先生，整个这次活动，我们跟丰先生的后人们、各位老师有很深入的一些交流，我们真的特别感动。丰老先生已经去世四十多年，但是他的后辈，他七个子女真的俨然一个非常温暖的大家庭，大家都有分工，有的人保存他的画，有的人保存他的印，有的负责他的版权，有的负责出版等等。这一切让我们觉得特别温暖，在这样一个时代里是特别难能可贵的，我想这也是丰先生最大的福报，今天很多丰家的后人都来到现场，我们也很感谢大家。

四 一钩新月分外明

好花时节不闲身

旧时王谢堂前燕

茅店

雀巢可俯而窥

自立（新枚一岁半）

盛年不重来　一日难再晨
及时当勉励　岁月不待人

4 三国语言的翻译大师

主持人：我们刚才说到的是丰老先生在绘画方面的成就，大家已经看到那么多了，其实在这些画为人所知之前丰先生就已经有很多的成就，比如说翻译上。可能很多人不知道丰先生精通三国语言，英语、日语、俄语。

宋雪君：丰先生精通三国语言，要学这三国语言应该是要花很多时间的，但是丰先生有一句话说语言是工具，你花很多时间去把语言学好，你这样怎么做事情呢？所以必须在尽短的时间内把语言学好。他到日本去十个月，居然学了日语和英语，我们难以想象。他学日语的方法和别人完全不一样，他不是报日语班，他报英语班，为什么呢？在日本学英语的肯定不是外国留学生，而是日本人，那个老师肯定是用日语来讲解英语单词的意思和语

法,丰先生他对英语有点知道的,他想得到这个老师下面应该讲什么,看这句要讲的话他怎样用日语讲出来。他用这个方法来学日语,就在几个月里把日语学得很好,然后进入日语原版文章的阅读。大家知道他后来翻译的《源氏物语》,《源氏物语》相当于中国古典的《红楼梦》,很深,很难。

他英语是怎么学的呢?他在日本报了一个英文的高级班,英文应该是有初级班、中级班、高级班的,他进去就是高级班,大家会觉得应该很累。不对,他学了两三个月觉得进度太慢了,不学了,离开了。一开始他们里面提倡,要学一篇英文的文章,他就拿出来,一看单词实在太多了,这个单词关过不去,英文过不了关。他把单词一个个不认识的全部拿出来,写成小卡片,放在一个盒子里面,在很短时间内把这批单词全部啃下去。啃下来以后他再去看原版就非常容易,再去看别的原版书都觉得很容易。这样一来他就掌握英语了,然后过了几天他又碰到高级班的同学,

他就问他们学到哪里了。他接下来就开始读英语的原著,用的还是年轻的时候学的英语。

主持人:所以说丰先生有语言天赋,而且有属于自己的一套学习方法,能够在这么短的时间里精通两门语言。那个时候我们知道丰先生翻过一些文章,英语的一些文章,包括有一本书是跟鲁迅先生同时翻的,所以鲁迅先生当时对丰子恺先生翻译的书也是有一定的评价。

宋雪君:这本书叫《苦闷的象征》,是鲁迅翻译的书,丰子恺也翻译了这本《苦闷的象征》,当时信息不对称、不流通,不知道他在翻,我也在翻,都不知道。但是帮鲁迅先生那本书做封面的人,是丰子恺的学生,他看见丰子恺在翻这本书,告诉他鲁迅也在翻这本。丰子恺这时候名气,觉得跟鲁迅撞车,觉得肯定不行的,后来他的学生说我陪你去看鲁迅。他说鲁迅很厉害的。我们现在叫他什么?横眉冷对千夫指。他说不要紧,鲁迅是一个很好的人。他们两个人去看望鲁迅了,到了鲁迅家里以后,见他躺在床上。他说你们好,我今天躺在床上接待你们。为什么?我躺在床上,我不拿笔了,我一拿笔人家就说我骂人,我不拿笔,我不骂人。这样一来,第一句话就让丰先生的心放下来了,然后丰先生就跟他说起这个事情。鲁迅说没事的,在日本同一本书很多人翻译很正常的,所以你翻你的,我翻我的,各自出版。鲁迅那本书是在北新书局出的,他就跟北新书局的人讲,我这本书慢点出版,让丰子恺的书先出。以前有人说文人相轻,我们现在也

275 ○ 四 一钩新月分外明

《苦闷的象征》鲁迅译本

《苦闷的象征》丰子恺译本

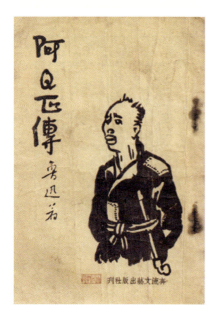

说文人相亲，那个是轻视的轻，这个是亲密的亲。这个鲁迅不是我们想象中的那个鲁迅了，丰先生一直非常感动，后来他一直想为鲁迅做点什么事情。鲁迅很有名的小说就是《阿Q正传》，能不能为它画点插图呢？《阿Q正传》全是文章，中国人喜欢图画故事。1937年画了54幅插图，画完以后在上海某印刷厂印刷的时候，八一三事变发生了，印厂被日本飞机炸成一片火海，他的这些画付之一炬。

第二年当丰子恺在武汉的时候，他的另外一个学生在广州，说能不能重新出版鲁迅的书？他说我画，画了两幅画，后来又寄了六幅画过去，又毁于轰炸。丰子恺说了一句话，炮火可以毁我的稿子，但是不能毁我的志；只要志在，失去的东西可以复得，亡者可以复兴；我的稿子可以不存在，但我们病亡的中国可以复兴。他又画了54幅画，这次他想再被炸掉怎么办？那个年代没有复印、扫描，他让我的母亲临印，就是把画放在下面，上面用薄一点的纸画下来，万一再弄掉，我有这个样子就容易一点。正因为做了这个保险，后面54幅画出版了，而且后来把鲁迅另外的书一起出版，跟鲁迅保持了友好的关系。

主持人： 所以我们现在看到阿Q的形象，很深入人心，就是源于从那个时候开始丰子恺先生画的阿Q，而我们都不知道原来这样的阿Q是历经这样的坎坷、这样的曲折，才能够来到我们身边，真是了不起啊！其实我们知道丰子恺还擅长俄语，据说他的俄语是50岁以后才开始学的。

"你怎么会姓赵"(《阿Q正传》)

"阿Q真能做"(《阿Q正传》)

《孔乙己》

279 ● 四 一钩新月分外明

《社戏》

《祝福》

宋雪君：丰子恺先生是 1898 年生的，1950 年他已经 53 岁了，对我们来讲学习外语最好的时间应该是小学、中学，53 岁已经是学外语很艰难的时候了。但是 1950 年中苏关系很好，苏联我们称他为老大哥，外语书来源比较多的是苏联，缺少人翻译，丰子恺说我来翻译。要懂俄语，他又是老方法，快速学俄语，买了一本书叫俄语一月通，一个月通。这本书不是中文版，是日文版，它的书名是日文的。他想一个月通太长了，我再抓紧一点，一月通里面 30 课，每天一课，正好一个月。他有时候一天两课，最快的时候一天三课，二十多天通了。通了之后，第一件事情就是阅读《战争与和平》，花了九个月。第二件事情就是看《猎人笔记》，五个月不但全部阅读完，而且还把它翻译出来。后来还翻译苏联的美术教育书，当时中国教育方面的资料很少，所以他就这样用快速的方法，快速学习，快速行动。这种操作我们要向他学习，但是我又觉得实在是做不到。

主持人：太神奇了，所以说大家不要觉得自己学外语晚了，人家 53 岁还能够二十多天搞定，能够翻译大部头的作品。今天俄语翻译，尤其是俄罗斯歌曲的翻译老师薛范先生，今天其实也来到了现场，今天我们很多俄苏歌曲，都是当时薛先生翻译到中国的[1]。他说其实他当时第一本书，就是丰先生的大女儿丰陈宝做他的责任编辑，所以也是很有一些渊源。

---

[1] 如著名的《莫斯科郊外的晚上》。——编者

1956年7月与幼女在日月楼合译柯罗连科小说

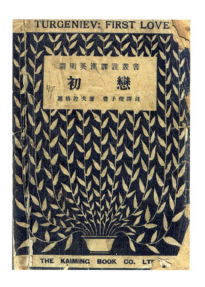

大家听到很多人精通多国语言，七八门也不稀奇，其实欧洲很多语言都是相近的，但是英日俄这三门语言是完全不同的体系，可见丰子恺先生真的是在这方面有他独到的一些方法，同时也有着语言天赋。

宋雪君：典型的天才加勤奋。

主持人：是，一个典型的代表，我们说到他翻译、绘画方面的成就，其实丰老先生在散文、文学评论、艺术评论等等各个方面都有很大的成就，是散文家、艺术评论家。我们知道有一段话讲到人生的三层楼，其实这段话能够概括丰老先生很多的人生内容。

宋雪君：对，可能很多人都知道，人生就是三层楼，第一层是物质生活，解决温饱；第二层是精神生活，文化艺术；第三层是灵魂生活，涉及宗教或者是信仰。丰先生说，我在二层楼，谁在三层楼呢？我的老师弘一法师，我有时候上去看看，看完了我还是下来，但是他一直是在三层楼，能够从高处看整个人类、整个宇宙。是这样的三层楼。

主持人：其实丰老先生把二层楼的每个角落都兜遍了，我们看到他有那么多的文集、画集，还有那么多艺术评论。很多丰老先生的文章我们看看好像都很浅显易懂，好像孩子们都能看懂，但其实就是这样淡淡的、小小的文章里，小中见大，弦外有音。

宋雪君：我觉得丰子恺是一个很高的人，但是他马上又回到了人民中间，回到了普通人中间。他又是一个非常普通的人，是大家非常熟悉的人，这就是他了不起的地方。

5 "不圆之圆"与装帧设计

主持人： 我们刚刚说到了丰子恺先生很多方面的成就，其实大家可能也已经注意到，我们刚才看到很多书，其实封面都是丰子恺先生自己设计的，丰子恺先生还是一位装帧家。我们看看，这些全部是丰子恺先生设计的封面，除了他自己的书，他也帮别人设计封面。他对于书的装帧封面是有自己的理解的。

宋雪君： 对，他有这样一个说法，书的封面你看了以后就大概知道这本书是什么意思。书的装帧就像一篇文章的序，你看了序就知道这篇文章大概讲什么。就像一场音乐会的序曲，听了序曲就知道这个音乐是什么风格。但是你要完成这样漂亮美好的装帧有两个条件，第一个是完美的艺术形式，第二个是深刻的思想内容，必须有这两层。丰子恺的设计就有各种各样风

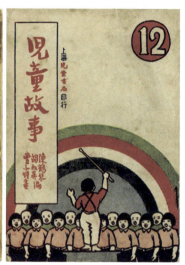

格的主题。

　　他还有一个说法,提倡不圆之圆,有时候你不一定要画那么圆,不圆反而代表圆。所谓不直之直,即在艺术里面一条线不需要用尺来画,你可以用笔来画,中间弯弯曲曲,但总体是笔直的。还有不正之正,有些东西看上去好像不正,其实代表了一种心态。比如说丰子恺有一本漫画,叫《子恺漫画选》,我们看到封面上面,是丰子恺的漫画。这个人就是刚才郑老师说的阿宝,阿宝两只脚,凳子四只脚。阿宝小时候折纸,丰子恺把他的大女儿作为模特画出来,作为这个封面用图。丰子恺的书法当然是很好的,但他后来异想天开,书名不要自己写,叫个小孩写,就叫阿宝的女儿,就是丰子恺长女的长女。那个时候据说她才五岁,过来帮忙写,

《子恺漫画选》（所画女孩是长女丰陈宝，丰陈宝之女杨朝婴题词）

写得很认真。她昨天特地从北京赶到上海来了。

主持人：您五岁时候的字现在大家都看到了，太棒了，谢谢！

宋雪君：《爱的教育》的封面有两个版本。这本书不是丰子恺译的，是夏丏尊译的，夏丏尊是丰子恺的老师。丰子恺有两个老师，一个是李叔同，"爸爸的教育"；一个是夏丏尊，"妈妈的教育"，苦口婆心的，特别好。夏丏尊翻译《爱的教育》的时候，他说他看了三天，哭了三天，眼泪流了三天，然后翻译的时候不停地流眼泪，翻译出来以后交给商务印书馆。出版以后他到书店去问，我的书呢？里面的人说，什么书，我们这里书多呢，那本

1926年3月《爱的教育》 开明书店

《幼幼画集》儿童书局（幼子丰新枚题词）

书我不知道。他听了非常奇怪,那么好的书,竟然找不到。然后找开明书店,开明书店当时的老板叫章锡琛,他也听说夏丏尊看了三天,哭了三天。于是也叫他翻出来看,一看也流泪。为了这次活动我也看了,我也流泪了。

第二次他为了在开明书店出版,叫大家提意见,意见提完以后,叫丰子恺画画,这里面还有很多插图,都是丰子恺为他画的。更主要的是那个封面,这个封面画代表什么我也讲不出来,但书拿到开明书店出很畅销,售完了再印,非常受欢迎。我不知道跟这个有没有关系,反正我想肯定是把作者要表达的东西突显出来了。

主持人: 所以从此也可以看出书的装帧有多么重要。一本可能不怎么样的书,有了好的装帧就能够吸引大家的注意,更不用说本来就很经典的著作了。由此可见,丰子恺先生是一个追求美的人,他做的很多事都是在传递这样一种对美的理解。

6 "独揽梅花扫腊雪"的音乐启蒙

主持人：我们刚刚说的很多可能都跟文章、跟绘画、跟设计有关，其实丰子恺先生还是一位音乐家。他在音乐方面的一些成就，我们欢迎陈钢老师来跟我们分享。

陈钢：丰子恺先生对我们来讲似乎很遥远，但是又很近，为什么呢？因为我跟前辈的艺术家，都是读了他的《音乐入门》才入音乐这个门的。他的《音乐入门》是在1926年出版的，出版以后，再版了35版，有半个世纪之久。我们很熟悉的作曲家朱践耳、指挥家李德伦，都是读了这本书，入这个音乐的门的。听说聂耳当时没有考取音乐学院，他回去也拿这本书发奋图强，努力在钻研。

1948 年 7 月 5 版《音乐入门》　开明书店

所以丰子恺先生是音乐教育启蒙的一位大师，徐慈①也是我父亲的好朋友，他说了一句话，没有丰子恺先生的画，哪里有音乐那么多成绩呢！丰子恺先生写了三十多部音乐著作，特别要提出来，他是一位通晓各种艺术的大家，所以他把美术放到音乐里面，把古文融入外国曲子里面，把它们揉成一团，成为新的东西。

---

① 原名徐家驹，徐慈为笔名，即著名表演艺术家乔奇。——编者

主持人： 其实很多中国音乐大师都是通过丰子恺先生入了音乐的大门，他其实是中国音乐家的一个启蒙人。

陈钢： 我先念一句丰子恺的诗。"独揽梅花扫腊雪"，独揽梅花扫腊月的雪，我抱着我身边的梅花，慢慢地把门前的腊月的雪扫过去。但是你再想想，独揽梅花就是 do、re、mi、fa，扫腊雪就是 sol、la、si、do、re、mi、fa、sol、la、si 变成独揽梅花扫腊雪。他就是用很独到的画中有音、音中有画的美术家的眼光来解读音乐的。

主持人： 这太妙了。

陈钢： 还有妙的，我们音乐里面叫音阶，do、re、mi、fa、sol、la、si，像阶梯这样上去的，叫音阶。上去的叫上行音阶，下来的叫下行音阶。他怎么讲呢？上行音阶叫乘风破浪、排山倒海，下行音阶叫雨过天晴、烟收云散。他就是用通俗的办法解释，你一下子就懂了。

还有他把文学，特别是我们的古典文学，移植到西洋音乐里面去，这是最妙的，就像李叔同先生的《送别》一样。我昨天偶然发现，很有意思，丰子恺先生也写过《送别》，他填的不同的词。中间有两句，"今朝此地一声别，从此天涯各一方"。他填的调子不一样，是根据一首爱尔兰民歌，这是外国民歌、中国的词。

《送别》的词是用美国的《梦见家和母亲》填的，还有更妙的是什么呢？他把《送别》这首曲子填了另外的词，情趣完全不一样了。《游春》，"星期天，天气晴，大家去游春。过了一村又一村，到处好风景。桃花红，杨柳青，菜花似黄金。唱歌声里拍手声，一阵又一阵"。

他是一个通人，他是从一层楼通到三层楼，又从三层楼通到一层楼，所以才能把美术跟音乐，把古典文学跟西洋的旋律结合到一起。

主持人：我们说的很多是丰子恺先生在音乐上的一些给人们的启蒙。很多人会问，丰子恺先生是音乐家，他写过歌吗？还真写过，复旦大学的这首校歌，它的曲就是丰子恺先生作的，我们大家一起来听一听，我们给大家拿到的版本是现在复旦团委出品的一个版本。

陈钢：2005年复旦100周年校庆的时候，又重新唱了这首歌，很多复旦的学子都回来了。听到这首歌回到了复旦，这首歌让我们想起了从前的校园歌曲、学堂歌曲。

7 《护生画集》与弘一法师

主持人：其中可以感受到他的中西博览，我想他对音乐的这种理解、这方面的造诣，可能跟他的老师李叔同先生有很大的关系。

宋雪君：丰子恺进入浙江第一师范以后，遇到了他的恩师李叔同老师。他原来的成绩很好，数理化都很好，但是接近了李老师以后，他开始把自己的注意力转到音乐上面。他们说进李老师的课堂，大家吵吵闹闹，一进去忽然安静下来了，因为什么？李老师早就安坐在那边，琴盖打开，谱子已经挂在上面，准备教大家。学生一看老师等学生，马上安静下来，老老实实地跟着他学。

丰子恺学得也很快，他是班长，有一天到李老师那里去汇报一下班里的工作。汇报完以后刚要走，李老师就说，子恺你等等，跟你讲几句话。他说，我在南京、杭州，在好多学校教过书，没有看到像你这样有悟性的人，进步这样快，你可以……后面没说，丰子恺就知道李老师希望他学美术、学音乐。丰子恺后来说，可惜我不记得那是哪一年、哪一月、哪一日、哪一时、哪一分、哪一秒，这就是我一生的转折点。也就是有这一秒的转折点，才有刚才陈老师说的那些音乐的成就。

丰子恺和李叔同的关系非常好，大家知道，后来他为李叔同画护生画。到第六集护生画的时候已经是1973年了，丰子恺身体非常不好，其实已经是肺癌的晚期了。按老师的规定，他应该在1978年完成这个护生画，但是他提前五年提出来要做，家里人都反对。1974年当时在"批林批孔"，他大概说不要再麻烦了。他其实把自己的床移到阳台上一个小地方，那张床只有1米58，他是1米74的人，就蜷缩在那个地方，为什么？为了他每天早上起来悄悄地完成护生画第六集。经过一年的努力终于完成，而再过一年多他就去世了。丰先生去世以后，后来在2010年这个地方短暂开放期间，很多人都来看，他们说世界上最小的床上，躺着世界上最伟大的灵魂。很多人在那里默默地沉思，想念这样的大师。

主持人：其实这是一个承诺，当时丰子恺先生画了护生画集的第一部给李叔同先生，李叔同就跟他说，当时是说……

宋雪君：你每过十年，按照我的年龄画一集，一直到我100

四 一钩新月分外明

1948年12月 与友人黎丁及幼女丰一吟在福建泉州弘一法师最后讲经处

1948年12月 在福建泉州弘一法师生西床上

岁的时候画第六集,如果那样的话就是功德圆满了。丰子恺想,你100岁,我就是82岁,我能不能画到那个时间?但是他回答了八个字,世寿所许,定当遵嘱。我的寿命允许,我一定遵照你的嘱咐来办。事实上他没有活到82岁,所以他提前五年完成了。我看过丰先生1939年日记里面写过的两句话,那个很感动人。他说,我有一个经验百试不爽,没有药的地方不会生病,有重任在肩的时候不会生病,这是一种精神支柱。其实他病得很重了,不是不会生病,而是带着病也要完成老师的事情,所以他在1973年完成了这100幅漫画,过了一年半就去世了。但是他的精神永在,《送别》永在。

主持人:所以没有到80岁,他却完成了老师对他的嘱托,完成了六部护生画集。我们刚才看到的那个陕西路、长乐路的日月楼,就是在这么一个小小的空间,他弓着身子,在那样一个阳台上,在生命的最后时刻完成了护生画集,其实也是完成了他对老师的一个承诺。我想从这些故事里面,我们能够感受到这样一种情感,这种情感也是共通在每个人的血液当中的,这种师生之情、君子之交,这一切的情感真的很像那曲《送别》。这首歌其实也是我很喜欢的一首,我从一年级开始唱歌,记得当时学的第一首歌就是这曲《送别》。我觉得它非常好听,而且我一直觉得这是一首中国歌曲,它的词那么美。直到我后来很大了,才知道这居然是一个美国的旋律,配上弘一大师这样的文字。

生离尝恻恻，
临行复回首。
此去不再还，
念儿儿知否。

《护生画集》　生离欤死别欤

我肉众生肉
名殊体不殊
原同一种性
只是别形躯

宋黄庭坚诗

《护生画集》 平等

四　一钩新月分外明

万径迴遠一峯深
到此常修苦行心
自掃雪中歸鹿跡
天明恐有獵人尋

唐陸甫皇詩

《护生画集》　自扫雪中归鹿迹

《护生画集》 蚂蚁搬家

8 以"酒"会友

主持人： 从这个歌词旋律当中，我们真的能够感受到中国文人之交的这样一种深厚的情感。其实说到这个，我们要说其实丰子恺先生有很多好朋友，因为他为人真诚。其中说到一钩新月这幅画，当时就是由郑振铎先生看到了以后发表在期刊上，使得这幅画能够走进观众中。今天郑振铎先生的孙子郑源先生也来到了现场。

欢迎郑源先生，您对丰子恺先生和郑振铎先生的交往，有一些怎样的了解呢？

郑源： 他们以漫画结缘，以文会友，结下了深厚的友谊，除此之外他们还有一个共同的爱好，就是喝酒。文人爱喝酒。据说他们当时有一个文人酒会，大家一致推举叶圣陶为会长，这个酒会里面有王伯祥、徐铸成。据说这个酒会入会门槛必须能喝五斤黄酒,钱君匋有三斤半的酒量,也想入会,他就托丰老去做说客,说能不能通融一下。叶圣陶很幽默地说,三斤半马马虎虎可以作为一个预备会员,回去要好好锻炼酒量,到五斤就可以转正了。

主持人: 我知道丰子恺先生和郑振铎先生真是非常要好,而且都爱酒,据说他们在西湖边有过畅饮。

郑源: 对,当时有记录,后来丰老有篇散文,也是描写这个。那是在1948年3月26日,当时我爷爷约范洗人,他们两个一起去杭州,下午六点多钟到了杭州,到酒店安顿下来以后,大概八点多钟,丰老找他,结果两个人没有碰上面,正好丰老送朋友回家,然后在西湖边散步,我爷爷去家里找他,没有找到。后来丰老回来了,家里人说刚才郑振铎找他。丰老一看当时太晚了,第二天上午就去我爷爷住的酒店找他,但是我爷爷也一样出去了,也没有碰上。丰老就给他留了一张名片,想约他中午或者晚上到家里来,然后一直到晚上没有等到,丰老就自己喝了。大概晚上八点多钟,我爷爷就来了,这个时候他在外面已经喝了一斤酒了,丰老也喝了一斤酒。两个人阔别十年,见面非常激动,因为这十年丰老携家眷逃难,去了很多地方,去了江西、湖南和重庆,我爷爷那个时候留在上海,所以他们将近十年之后见面都非常激动,两个人都喝了一斤酒。

丰老说见面以后非常激动,这一斤酒就已经消散了,两个人继续接着喝,于是两个人从八点钟又开始喝,一直喝到大约快

四　一钩新月分外明

丰子恺先生的小酒杯

丰子恺先生的烫酒壶

十一点。

主持人：前面一斤都属于白喝了，咱们继续喝酒。其实就是一个小小的故事，但是可以感受到两个人之间相交的这种情谊。祖辈有这么好的交往，你们后辈也能有现在这么好的交往。

郑源：也是有一个机缘。

宋雪君：最近在温州一个展览会上，我们碰头了，我把丰子恺当年在春晖中学画的小漫画拿出来，包括朱自清很怪的漫画（朱自清的孙子也来了），丰子恺给我爷爷画过这样的漫画。我们几个人在一起私下碰头，从此以后也来往非常多了，大家一起回忆起很多很有趣的事情。但最令人惊讶的是，我们在2015年，竟然发现两位老人又在一起了。

郑源：2013年建了一个铜像，就是衣冠冢。当时建铜像的时候，突然发现丰老的墓地也是衣冠冢，就在旁边，两个人紧挨着。

宋雪君：又能在一起喝酒了。

主持人：多么神奇啊，两个人交往中断了很久，居然最后墓地紧挨着，这一切真的是冥冥之中自有天意，今天听了之后觉得这种巧合有很多沧桑、很多温暖。

9 丰子恺的"朋友圈"

主持人：就是一种文人之交，其实丰子恺先生他有很多文人朋友，但是也有很多好朋友在"一层楼"，他的思想特别接地气。

宋雪君：他的朋友太多了，今天因为特殊的原因，我想介绍丰子恺的一个很特殊的朋友，这个朋友太有名了，就是三毛之父张乐平。张乐平比丰子恺小12岁，同属狗，去年丰子恺120岁冥诞的时候，他108岁。故事太多了，在1960年以后被批判期间，他和张乐平都是上海画院的画师，丰子恺是主要被批斗的，那个时候流行把他拉到工厂里批斗。有一次把丰子恺和张乐平一起拉到上海一个什么造船厂去批斗，那些人不认识谁是丰子恺，谁是张乐平。结果那天批判丰子恺大会，站在中间的是张乐平，那些人却说打倒丰子恺，丰子恺必须老实交代。张乐平说，怎么把我放在这边，丰子恺坐在后面。他们说，你老实交代，你必须低头认罪。他头一低，挂在胸前的牌子上写的是丰子恺。他就点点那个造反派，再点点这里。一场闹剧。回去的路上，丰子恺就说，乐平今天你代我受苦了。张乐平说，我能为先生受苦，心甘情愿。

到丰子恺1975年去世以前在医院的时候，张乐平也住院，他自己当然不知道。有个护士告诉他，张老师，丰子恺就住在和你一个走廊里。张乐平步履蹒跚地走过去，握住丰子恺的手，尽在不言之中。握住手，他没有想到这是最后一别。后来张乐平参加丰子恺的追悼会，他说没有想到那个时候就是我跟丰老的最后一面。

主持人：张乐平先生的儿子也在现场，欢迎您，今天真的是一个很大的聚会，其实我知道这次在我们"海上丰采"的展览里面，其实也有一个栏目叫丰子恺的朋友圈，有很多这样的故事。包括赵朴初先生，当时赵朴初先生非常喜欢丰子恺先生的一幅作品，他想借回去。

宋雪君：这幅作品叫《松间明月长如此》。这个作品有一个小故事，赵朴初朴老非常喜欢丰子恺的漫画，但是不好意思开口。丰子恺去世以后，他的女儿丰一吟（现在丰子恺七个子女中六个包括我的母亲都去世了，就剩他的小女儿丰一吟还在），身体不大好，在家里，有病。当时他想她会不会有画，能不能开口问她要一幅画，但是开不了口。正好这个时候新加坡佛教协

四 一钩新月分外明

赵朴初题

会的副主席广洽法师,也是弘一法师的弟子到上海来,她接待。知道丰一吟接待,他就把这个想法告诉广洽法师。广洽法师说,我来帮你跟丰一吟说。丰一吟说,可以呀,我给你。但是丰一吟到家里发现自己没有漫画,就把自己父亲留给自己女儿的一幅漫画给他了,就是这幅漫画《松间明月长如此》。他拿到以后非常感动,但是知道这是丰子恺女儿的女儿的,又觉得不大好意思拿过去,要不就借三年。三年以后还了,他写了一首诗。丰一吟看到这首诗,觉得能不能把这首诗配在上面。大家看:"明月松间照,天伦物我均。抚兹一幅画,感君三代情。"第一代丰子恺,第二代丰一吟,第三代是丰一吟的女儿。朴老就是这样的人,讲诚信,三年以后不但归还,还连这首诗一起还给丰家,真是三代情。

10 人民的艺术家

——菩萨低眉与金刚怒目

主持人：可能每幅作品背后都有很多故事，而且当时丰子恺先生其实是跟人民群众打得火热的这样一位艺术家。那个时候丰子恺先生坐黄包车。黄包车夫说，这是丰子恺，我要一幅您的作品。是吧？

宋雪君：当时没有出租车，他出去叫了一辆黄包车，那个时候已经是三轮车了。他说他要到哪里。那三轮车夫说好的，去一看，突然停下来说，先生我冒昧地问一下，您是不是丰子恺先生？他说，是的。车夫说，太好了。结果他就骑到一个文具店门口，说等一下，停一下，进去买个小本子。他说，您能不能签个名，画个画？丰子恺，虽然有些名人求画他就是不画，却当场给他画了一幅画，签了名给他。到了目的地，丰先生问他多少钱,他说不要钱。丰先生说,怎么不要钱呢?他说,您不是给我画了吗?丰先生说,画归画,钱要付。他说,不,你画了画,钱我就是不要。一个推,一个拉,远远一个警察看到了问,抢钱的,干什么的?他们这样一说。警察说,好事情啊,老先生,我现在来判断,你不付钱。好,不付钱。这是一个很令人开心的三轮车夫的故事。

但是还有一个很伤心的三轮车夫的故事,要讲两个一起讲。丰子恺有一个学生潘文彦是学理工科的,在"文革"最艰苦的年代一直陪他,但是在丰先生单位里批斗的时候他心里一直很不安。从中国画院到他家,那个时候没有交通工具,走路要走三刻钟,丰先生非常艰苦地过了一天,晚上能不能一个人坚持回来呢?他就想陪丰先生讲讲话也行,就站在门口等。到晚上五点多,丰先生果然出来了。他说你等等,过了一会儿,只见一辆三轮车从前面过来,掉头停下来,一句话没有,他们两个人上去了。潘先生就想告诉车夫到哪里哪里,丰先生说不用,他知道到哪个地方。快到家门口,车夫在离开家十米远的地方停下来,一句话都没有。潘先生后来就问了,这是谁啊?丰先生说,我也不知道,他每天来,风雨无阻,从来没有停过。有一次我实在不好意思,给了他一点画。

后来丰子恺先生去世,遗体告别的时候,当时不允许发讣告,只有一些家属和亲友知道。那天追悼会开了一半,那个三轮车夫跌跌撞撞地进来,跪在丰子恺的遗体前号啕大哭,磕了三个响头,然后走掉了,再也没有见到这样一个人。一个非常普通的三轮车工人,非常普通的劳动人民,在那个应该划清界限的时期,竟然做出这种事情来。我不但感谢这位三轮车工人,还要感谢潘文彦老师,他把这样一桩事告诉我们后人。潘老师今年已经八十多岁了。

主持人:这样的故事听来特别感动,正是因为大家能够在丰老的画当中感受到他对人民的这种爱,人们才能够在那样的时代回馈他以这样的一种爱。今天我们现场来了很多丰老先生的朋友,也是绘画界、艺术界的各位老师们。今天谢春彦老师也在,谢先生说,我们前面说了丰老先生接地气的一面,跟人民群众友好相处的一面,我们感觉他是一个非常平和亲切的老人,但其实你知道吗,丰老也有愤怒的时候。愤怒的丰子恺先生是什么样的?

谢春彦:今天很多朋友,包括丰家的后人和朋友,都介绍了很全面的丰子恺先生的成就、形象。在我们的心中,丰子恺先生是一个有教养的人,一个有巨大成就和贡献的人。我们能够成为丰子恺先生那样的人,不论对自己也好,对民族和国家也好,都是一件幸事。

可是我觉得他在平和、善良诸面外,还有一个金刚怒目之相。他也碰到了两件历史上的事件,一件是日本侵华战争,第二件就是"文革"。在"文革"的时候他已经没有可能用他的笔来反映对"文革"的看法和感受,但是在抗战之间,他拖家带口走遍了南中国的很多省份,最后在四川定居了很长时间。他好像一辈子没有拿过国家的工资,就靠所谓的作文画画来生存。

在抗战期间，他作了大量反日寇的漫画，这跟我们此前所影印的那些丰子恺温柔平和的漫画完全是两回事情。所以使我想到他有另外一面。

所以在2015年的时候，我就请上海图书馆，一起策划了一个丰子恺在抗战时候的漫画展。这些漫画跟我们常见的他的儿童相、社会相、众生相是完全不同的，使我们完整看到了一个漫画家多侧面表现的题材。所以那个时候我写了一个序，题目叫《愤怒的丰子恺》。这个展览结果很受欢迎，在上海图书馆结束展览以后，全国有好多很著名的大图书馆——宁波图书馆、广州图书馆等等，都邀请去巡回展出。我想我们在纪念丰子恺的时候，不要忘了他曾经在民族和国家遭受非常巨大的不幸的时候，作为一个中国的读书人，挺身而出，说了他该说的话，画了他该画的画。这一点是很不容易的，谢谢。

主持人：刚刚谢春彦先生的介绍，让我们对丰子恺先生有了更加立体、更加全面的了解。这是愤怒的丰子恺，他只能用他的笔来表达心中的情感。

11 美育理念

主持人：我们今天说了很多，无论是绘画、散文、音乐、装帧，还是文学，其实都展现出丰子恺先生的同一个理念。我觉得这些综合起来，可以说丰子恺先生其实是一个美育家。美育现在在中国越来越受重视，而且这个美育的概念也是丰子恺一生在践行的一种精神。

今天我们现场也有很多对丰子恺先生美育方面有很多认同和理解的人，我们还请到了丰子恺先生这些展览的策展人，可以说一直以来对丰子恺先生的精神理念有非常深的理解，我们用掌声欢迎王一竹老师。

我想您一直在做丰子恺先生的策展人，对于丰子恺的精神、理念，应该说有很深的体会。

王一竹：去年丰子恺先生诞辰 120 周年，展览总共有七个，我最大的感受是人民的艺术家人民爱。我要举在中国美术馆的例子，因为丰子恺家族的成员，他们也不太熟悉展览怎么去申办，怎么去申请，我 6 月 17 日到中国美术馆去协调这件事情的时候，已经过了申请的时间。可是中国美术馆的展览部主任一听到说今年是丰子恺先生诞辰 120 周年，说一定尽量协调展期。遗憾的是，最后是在 7 号馆四百多平方米的小展厅里进行的这个展览，但是却创下了 20 年来的一个纪录，什么纪录呢？个展单日观展人数过万。第一个周末，北京正好天冷，特别冷，大家打着伞，排着长队，从中国美术馆门口一直排到王府井大街，老人、小孩下午四点半还在排长队。后来说大家不能再排了，已经到美术馆闭馆时间了。美术馆也很罕见，在那天延迟了闭馆的时间。

什么样的一个艺术家，把他民间的粉丝全部唤到了美术馆里？我们当时在中国美术馆的展览，实际上是以丰先生作为近代西方美术引入中国的奠基人，按西方美术史谈不同主义的想法来回应他作品的板块，比如说古典主义、现实主义、宗教人文主义。我们分三个展厅去做这些呈现，每个展厅大家都在排长队。

主持人：展厅里都在排长队，所以说丰先生是一个非常受大家爱戴的艺术家，他在杭州、北京、上海的展览，其实都有非常多的观众，可能都超乎我们主办方的预期。您这么长时间一直在做丰子恺先生的展览，丰先生在美育方面的这种精神带给您最大的感染是什么？

1932年9月初版 《艺术教育》大东书局

1935年4月初版 《艺术丛话》上海良友图书印刷公司

王一竹：我一直觉得他就像我们身边的一个邻家的老人，特别慈祥和蔼，但是他又在我们这个时代，在任何方面都有成就。而且他用朴实无华的心，关注着世间的一切，他强调艺术的友情化，在他作品里面都有非常真实的体现。每个人看到他作品的时候，都很容易联想到自己变成画中的那个人，或者画中的那个人就是不远处的一个他，这个要有很高的艺术修养才能呈现出来。

主持人：我们今天了解了很多丰先生的故事，能够感受到他对中国美育所做出的贡献。今天现场全国唯一一位美育特级教师王圣民老师也在，我相信丰子恺先生肯定对王老师的教学也产生了很大的影响，对我们在座的很多人可能都产生了很多影响。我想我们今天在这个地方做这样的一个沙龙，通过这样一钩新月来讲述丰子恺先生的故事，我们每个人也能够从这月光当中感受到一种特有的意义。

宋雪君：我用两句话来对我讲话做一个总结，大家平时都讲丰子恺的漫画是"寥寥数笔，描绘了社会万象；片片落英，含蓄着人间情味"。

主持人：这不仅是丰先生的画，也是丰先生一生带给我们的启示。其实我想每个人都有很多对于丰子恺先生的记忆，今天冯玉祥将军的孙女冯丹龙老师也在现场，她刚才给了我她的手机，说要我在这里跟大家读一读，当时冯玉祥将军对他的子女

是怎么要求的。他为他们制定的计划是，每天早上走3 600步，打一套拳，宽一尺半长三尺的黄书写纸用大碗印黑圈共50圈，写50个隶书，照丰子恺漫画画一张八开纸画，背一段诗，饭后散步，自由活动。作业由苏青批改。

可见，在冯将军的家教当中，临摹丰子恺先生的画也是很重要的一点，我相信可能很多人家都有过这样的要求。这只是其中一个故事，让我相信这样一场活动也会触动很多人心中对于成长过程的一些记忆，也希望今天这个沙龙能够带给大家更多启示。

编后记

童心来复梦中身

本书缘起于克勒门文化沙龙"一钩新月分外明——海上'丰'采丰子恺"的纪念活动,丰先生的后人和友人后人及研究者们济济一堂,共同回忆丰先生及其文学艺术方面的成就。与此同时,披露了很多丰先生的老照片和手迹。此书便是以此为基础,同时结合丰先生后人及师友学生的其他回忆文章,编成的回忆性质的集子。内含丰子恺外孙宋雪君先生、孙子丰羽先生,郑振铎先生的孙子郑源先生,冯玉祥将军的孙女冯丹龙老师,友人潘文彦先生、谢春彦先生,以及著名的漫画家、上海美协主席郑辛遥老师,音乐家陈钢老师等人对丰子恺先生艺术及生活的追忆及研讨。除了展现丰先生的生平成就和生活轶事,更展现了其与人交往中显现的人格魅力,让读者接触到一个活泼泼的丰先生。此外,通过其同时代人写的回忆文章与为其书作的序跋,并配以"背后的故事"和丰先生自己的文章加以深入记述,从侧面描绘出他那个时代的文化风貌、文人交往及其风格气度。书中根据文字内容插入许多珍贵的老照片和丰先生的画作、手稿以飨读者。

丰子恺先生与上海可谓有不解之缘。他从浙江第一师范学校毕业后便来到上海,组织发起了"中华美育会",创办上海艺术专科师范学校并担任教学工作。后又与友人匡互生、朱光潜等共同创办立达学园。新中国成立后,丰先生在上海定居直到去世。本书中述及的日月楼即其在上海最后的居所。可以说,他生命近一半的时光都是在上海度过的,他在喧嚣的都市中发现了日常生活中的美,展现出一个别样的上海。因而此书放在传播海派文化的"克勒门文丛"中倒也相得益彰。

本书虽题为"回忆中的丰子恺和他的时代",但丰先生的真正可贵之处倒在于能超然于时代。在他的同时代文人深涉政治而变得愈发激进时,他却选择以崇拜儿童之心来回应周遭混乱的现实世界。因为"成人世界有不可超越的大自然的定理,有不可破犯的人为的规律,而在孩子的世界里没有这些羁网"(《儿童的大人化》),孩子能"撤去世间事物的因果关系的网,看见事物的本身的真相"(《从孩子得到的启示》)固然这部分得自其佛教世界观,但观其儿童漫画,也应是出自其个人家庭生活的真实感受了。这在本书第一部分其女丰一吟等孩子的回忆中可以看出。儿童未经世俗染污,尚保有天真,有最健全的心,而毫无社会中的虚伪矜态之态。故其言:"或者有人笑我故意向未练的孩子们的空想界中找求荒唐的乌托邦,以为逃避现实之所。但我也可笑他们的屈服于现实,忘却人类的本性。"(《谈自己的画》)正因了这童真之心,丰先生才能不唯上、不媚俗,保持精神的独立。与那些深陷名利罗网中的大人先生们不同,只有跳脱了私欲的羁绊,以及知识分子的偏见,其目光所及才能照见日常生活中的诗意,感动于劳动人民源于生活本身毫不造作的真挚情感。从本书中述及的他与两个三轮车夫的故事,就可看出其漫画在劳动人民中的影响力。真可称得上是"从生活中来,到生活中去"了。此时这童心已超出一己之私而具大人相,有了孟子"求放心"和儒家"复性"的意味。在这一点上,作为新儒家的马一浮可谓"心有戚戚焉":

> 然艺之独绝者往往超出情识之表,乃与婴儿为近。婴儿任天而动,亦以妄想,缘气尚浅,未与世俗接耳。今观子恺之贵婴儿,其言奇态恣直,似不思议境界。盖子恺目中之婴儿,乃真具大人相,而世所名大人,鬼琐忿矜,乃真失其本心者也。

而那个时代中,像马一浮一样与其同声相应、同气相求之友,也不在少数。周作人、俞平伯、林语堂等人同样致力于在中国古典文学与绘画,特别是晚明小品等性灵派作品中,寻找与正统不同的个性流露、发乎本心的传统。而发乎本心的文学,在他们看来,也"不过是对于宇宙和人生的一种好奇心。凡是目力明确,不为外物所惑的人,都能时常保持这个好奇心"(林语堂《生活的艺术》)。其中俞平伯还写过不少儿童诗,本书中就述及他让丰先生为其儿童诗集《忆》画插画的事。另外,丰先生的许多为人津津乐道的随笔就是在林语堂创办的《论语》半月刊、《人间世》和《宇宙风》上发表的。他还为林语堂所编的著名的《开明英文读本》绘制封面和插画。这在本书中华君武回忆丰先生的文章后面"背后的故事"中有详细记述。

  光阴到了这个时代，类似丰先生这样的人也许已是极少数，但也许存在于默默地耕耘于生活工作的沉默的大多数中。我想起了Y君。Y君也属于对文字异常痴迷或是执著于立言的那种人。但不同于喜欢掉书袋的知识分子，其文皆自其胸臆中流出，常令人莞尔于其赤子之心，使人如坐春风中。Y君很喜欢陶渊明，他本人也让人有"误落尘网中"之感。Y君也很喜欢向我推荐"童话"书，比如《给所有人的黑塞童话》，还有他自己编辑的《写给大人的寓言：凯里来与迪木奈》。而我总觉得会去看这些书的成人多半本来就怀着童心，也许更需要的是使此心在自己的生活与真实的自然中开花结果，并不用借他人文字浇自己块垒。而生活世界的丰饶与诡谲，也会使喜欢怀有形而上情思的人意识到自身的局限而走向自身的反面。就像Y君在文字中的赤子之心到了现实中却总是得不到同样真诚的回应，使其无法轻易相信他人，同样亦无法轻易为他人所信。但我想如果真能做到如其在《凯里来与迪木奈》导言中所言"把'我'化掉"，那这一矛盾也就自然消解了。不过在这之前，也许他可以和丰先生惺惺相惜一番，其实我们自己又何尝不是多多少少如此呢？谷崎润一郎评价丰子恺为现代的陶渊明、王维，称其"在庞杂诈伪的海派文人中，有鹤立鸡群之感"。然而丰子恺本人却是这样回应的：

我自己明明觉得，我是一个二重人格的人。一方面是一个已近知命之年的、三男四女俱已长大的、虚伪的、冷酷的、实利的老人（我敢说，凡成人，没有一个不虚伪、冷酷、实利）；另一方面又是一个天真的、热情的、好奇的、不通世故的孩子。这两种人格，常常在我心中交战。虽然有时或胜或败，或起或伏，但总归是势均力敌，不相上下，始终在我心中对峙着。为了这两者的侵略与抗战，我精神上受了不少的苦痛……

　　吉川和谷崎二君对我的习性的批评，真是确当！我不但如谷崎君所说的"欢喜孩子"，并且自己本身是个孩子——今年四十九岁的孩子。因为是孩子，所以爱写"没有什么实用的、不深奥的、琐屑的、轻微的事物"，所以"对万物有丰富的爱"，所以"真率"。贵国已逝世的文艺批评家厨川白村君曾经说过，文艺是苦闷的象征。文艺好比做梦，现实上的苦闷可在梦境中发泄。这话如果对，那么我的文章，正是我的二重人格的苦闷的象征。（《读缘缘堂随笔读后感》）

出于好奇心，为编此书，笔者还特意去了位于嘉兴石门湾的缘缘堂和杭州西湖边的丰子恺故居旧址，并摄影置于书中相应处。石门湾位于京杭大运河向北的转弯处，缘缘堂就在离运河仅百米的支流旁。这里不仅是丰子恺的出生地，也是他在20世纪30年代上海生活时厌倦于当时政治氛围和文化论争后的退隐之所。现今的石门湾早已不复当年江南水乡的风光，但时光也仿佛在那里驻足了，很多80年代的老建筑闲置着，依稀是当年国营的店面和工人文化宫之类。旁边不算很宽的大运河里仍有很多驳船货轮一艘靠着一艘停泊着,我从一艘船上跳到另一艘上,想象着当年"无数朱漆栏杆玻璃窗的客船,麇集在这湾里"(《辞缘缘堂——避难五记之一》),少年时期的丰子恺挑选了最中意的一只,乘着去杭州等地旅行的情形。过了名为"木场桥"的石桥即到了缘缘堂,如今的缘缘堂虽然部分改造成了纪念馆,陈列着丰子恺的私人物品和生平照片,但粉墙黛瓦的旧居仍透露着文人的雅致和其家庭生活的情趣。其女丰一吟回忆中的芭蕉、两株广玉兰和葡萄棚下的秋千仿佛仍是当年的样子,封存了快乐无忧的时光,静观世事沧桑。丰先生曾就蒋捷《一剪梅》词中那句"流光容易把人抛,红了樱桃,绿了芭蕉"画过一幅漫画,也许就是在伏案之际望到窗外那几株一楼多高的芭蕉,兴之所至而作吧。缘缘堂几公里外还有丰同裕染坊,但已非丰子恺祖父始创时的古老蓝印布艺染坊,而是十分气派的现代化企业了,也早已不归丰氏后人所有了。朱光潜曾盛赞其"从顶至踵是一个艺术家,他的胸襟,他的言动笑貌,全都是艺术的"(《缅怀丰子恺老友》)。而艺术感与其说来源于教育和遗传,毋宁说更须由生活环境和文化传统来涵养,才能打磨出温柔如玉的光泽,而非流水线上一个模子里刻出来的产品。你若到过缘缘堂,也许就能更深地体会到这一点。

今年并非丰先生的诞辰或逝世周年纪念,出版这样一本书似乎没什么必要。但在现在浮躁功利的社会中,却又恰逢其时,不啻有对症下药之功。其在《读缘缘堂随笔读后感》所言放在当今时代也毫不违和:

在中国，我觉得孩子太少了。成人们大都热衷名利，萦心社会问题、政治问题、经济问题、实业问题……没有注意身边琐事，细嚼人生滋味的余暇与余力，即没有做孩子的资格。孩子们呢，也大都被……讲演、竞赛、考试、分数等弄得像机器人一样失却了孩子原有的真率与趣味。长此以往，中国恐将全是大人而没有孩子，连婴孩也都是世故深通的老人了！

另孟子有言："颂其诗，读其书，不知其人可乎？是以论其世也。"国内出版的丰子恺本人的散文、漫画等可谓汗牛充栋，但囊括同时代人及后人对其的回忆书籍却寥寥无几。本书得以借此活动的契机做一个时空上的集结，略补知人论世之阙，丰先生交游之深广肯定不止书中所述，只算作引玉之砖吧。

杨柳青

辛丑季夏